CYNGOR SIR
YNYS MÔN
ISLE OF ANGL...
COUNTY COUNCIL

# Ynys Lawd
## Goleudy enwog Môn

# South Stack
## Anglesey's famous lighthouse

### IAN JONES

**Goleudy Ynys Lawd,** Henry Gastineau, 1842
dyfrlliw *(Llyfrgell Genedlaethol Cymru)*

**The South Stack Lighthouse,** Henry Gastineau, 1842
watercolour *(National Library of Wales)*

1 **'Sarah'** – Frances Williams, tua 1836
Olew ar gynfas
*(Casgliadau Oriel Ynys Môn 11/96)*

2 **Ynys Lawd** (manylion)
T Creswick a W Radclyffe, tua 1835

1 **'Sarah'** – Frances Williams, *c*1836
Oil on canvas
*(Oriel Ynys Môn Collections 11/96)*

2 **South Stack** (detail)
T Creswick & W Radclyffe, *c*1835

O gyfnod goresgyniad y Rhufeiniaid hyd yr ail ganrif a'r bymtheg, Caer oedd un o'r prif borthladdoedd i longau rhwng Lloegr ac Iwerddon. Fodd bynnag, wrth i Afon Dyfrdwy ddechrau llenwi â llaid, lleihau wnaeth rôl y ddinas fel porthladd. Roedd mannau eraill ar hyd arfordir Penrhyn Cilgwri yn cael eu defnyddio fel porthladdoedd, ond roedd y rhain hefyd yn cael trafferthion oherwydd y llaid oedd yn casglu yn y Ddyfrdwy a chan y banciau tywod symudol.

Mae tystiolaeth yn awgrymu fod y post i Ddulyn yn mynd trwy borthladd Caergybi mor fuan â'r unfed ganrif a'r bymtheg. Mae Caergybi ger un o'r mannau culaf ym Môr Iwerddon, sef y lle byrraf i groesi'r môr. Fodd bynnag, roedd y ffordd ar hyd arfordir Gogledd Cymru i Gaergybi yn un wael ac fe allai'r siwrnai o Gaer gymryd hyd at ddeugain awr.

Pan ddarfu pwysigrwydd porthladdoedd Penrhyn Cilgwri a Sir Gaer, ac yn dilyn gwneud gwelliannau i ffordd yr arfordir yn ystod canol y ddeunawfed ganrif, ystyrid ei bod yn fwy diogel ac yn gynt i deithio ar hyd y tir cyn belled ac oedd yn bosibl cyn mynd ar fwrdd llong. Roedd hyn yn rhoddi mantais glir i Gaergybi ac fe arweiniodd at ddatblygu'r dref fel porthladd o bwys.

Y dyddiau hynny, fe allai hwylio o Gaergybi i Iwerddon gymryd dros ugain awr, yn dibynnu ar y tywydd a chyfeiriad y llanw. Roedd y daith yn beryglus oherwydd y newid cyson yn y tywydd ac yr oedd y gwasanaeth yn aml yn anghyson. Roedd hefyd yn anodd mynd i mewn i'r porthladd yn ystod corwynt o'r dwyrain.

Yn dilyn pasio'r Ddeddf Uno yn 1800, ac uniad Iwerddon a Phrydain i greu Teyrnas Unedig Prydain Fawr ac Iwerddon, fe welwyd cynnydd sylweddol yn nifer y llongau oedd yn hwylio i'r Iwerddon. Roedd mwy o fasnachu nwyddau a deunyddiau yn golygu cynnydd hefyd yn nifer y teithwyr. Roedd yn rhaid i

F rom the time of the Roman occupation until the seventeenth century Chester was one of the main ports for shipping between England and Ireland. However, as the River Dee began silting up, the city's role as a port diminished. Other harbours further along the Wirral coast were also used, but these too were badly affected by the silting of the Dee and by the shifting sandbanks.

Evidence suggests that the post to Dublin was routed through the port of Holyhead as early as the sixteenth century. Holyhead is located at one of the narrowest points of the St George's Channel, allowing for the shortest sea crossing. However the road along the North Wales coast to Holyhead was poor and the journey from Chester could take up to forty hours.

Following the decline of the Cheshire and the Wirral ports, and after improvements were made to the coastal road during the mid-eighteenth century, it was considered safer and quicker to travel as far as possible overland before embarking. This gave Holyhead a clear advantage and led to the town's development as a principal port.

During those days of sail, the crossing from Holyhead to Ireland could take over twenty hours, depending on the weather and tidal conditions. The passage was dangerous and, due to the ever changing conditions, services were often irregular. It was also difficult to enter the port during an easterly gale.

Following the passing of the Act of Union in 1800, after which Ireland and Britain merged to become the United Kingdom of Great Britain and Ireland, the amount of Irish Sea traffic was dramatically boosted. Increased trading of goods and materials was matched by an increase in passenger traffic. Irish politicians had to travel on a regular basis to attend meetings in London, and required a faster, more

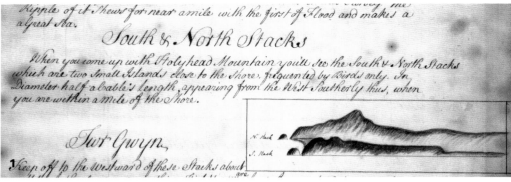

*Ripple of it shews for near a mile with the first of Flood and makes a a great Sea.*

## South & North Stacks

*When you come up with Holyhead Mountain you'll see the South & North Stacks which are two small Islands close to the shore, frequented by Birds only. In Diameter half a Cable's length, appearing from the West Southerly thus, when you are within a mile of the shore.*

## Twr Gwyn

*Keep off to the Westward of these Stacks about*

wleidyddion Gwyddelig deithio'n rheolaidd i gyfarfodydd yn Llundain ac roeddent angen ffordd ddibynadwy a chyflym o groesi. Ar y pryd, Howth oedd y prif borthladd ar gyfer gwasanaethau'r post o Gaergybi i Iwerddon. Fodd bynnag, erbyn 1833 roedd yr porthladd yn llawn llaid ac fe ddaeth Dun Laoghaire (oedd yn cael ei alw ar y pryd yn Kingstown), yn brif borthladd yn 1817.

Roedd llongau'n cael eu colli yn fynych ar hyd arfordir Gogledd Cymru. Collwyd nifer o fywydau a miloedd o dunelli o gargo. Cydnabuwyd fod angen golau ger Caergybi am y tro cyntaf yn swyddogol yn 1645, pan anfonwyd deiseb i'r Brenin Siarl I yn gofyn am adeiladu goleudy ar Ynys Lawd. Ar y pryd, fodd bynnag, gwelid hyn fel cost ychwanegol na ellid ei chyfiawnhau i longau a'u perchnogion.

Bu raid disgwyl hyd ddechrau'r bedwaredd ganrif ar bymtheg cyn i'r Capten Hugh Evans bryderu unwaith yn rhagor ynglŷn â'r diffyg cymorth morwrol ar arfordir mwyaf gorllewinol Ynys Cybi. O ganlyniad uniongyrchol i'w brofiadau morwrol, roedd Capten Evans yn hollol ymwybodol o beryglon hwylio ar Fôr Iwerddon a hefyd am yr anawsterau wrth ddod i mewn i'r hen borthladd yng Nghaergybi.

Ym mis Rhagfyr 1807 fe baratôdd Capten Evans siart o Ynys Cybi yn dangos y colledion a gafwyd yn ystod y ddwy flynedd flaenorol. Roedd y ddogfen hon, gyda lluniau llawn wedi eu gwneud â llaw, yn dangos pob un o'r llongau oedd wedi suddo, wedi rhedeg i'r lan neu golli eu mastiau. Mynychodd gyfarfodydd Bwrdd Trinity House yn Llundain, lle y cyflwynodd gopi o'r siart ynghyd â deiseb wedi ei harwyddo gan ddwsinau o berchnogion llongau, capteiniaid a marsiandïwyr. Bu'r ymdrech gyntaf hon yn aflwyddiannus; nid oedd y Bwrdd yn ystyried y byddai'r Trethi Golau fyddai'n cael eu casglu yn ddigon i dalu costau adeiladu goleudy.

reliable crossing. At this time, Howth was the main port for postal services from Holyhead to Ireland. However, by 1833 the harbour had become badly silted, and was superseded by Dun Laoghaire (then known as Kingstown), which had been established in 1817.

Losses of vessels along the North Wales coast were frequent. Many lives and many thousands of tons of cargoes were lost. The demand for a light near Holyhead was first officially recognised in 1645, when King Charles I was petitioned for a lighthouse to be built on South Stack. However, at the time it was seen as an unjustified additional cost to ships and their owners.

It was not until the early nineteenth century that a Captain Hugh Evans showed renewed concern about the lack of a navigational aid on the westernmost coast of Holy Island. As a direct result of his previous maritime experiences, Captain Evans was well aware of the dangers of navigating within the Irish Sea and also of the difficulties of the approaches to the old harbour at Holyhead.

In December 1807 Captain Evans prepared a chart of Holy Island showing the losses that had occurred during the previous two years. This hand-drawn, fully illustrated document showed all the vessels that had sunk, run aground or been demasted. He attended meetings of the Board of Trinity House in London, where he submitted a copy of his chart together with a petition signed by dozens of shipowners, captains and merchants. This first effort was unsuccessful; the Board did not consider that the Light Dues collected would be sufficient to cover the construction costs of a lighthouse. As a result, Evans was asked by the Board to approach the shipowners, captains and merchants once again with a proposal to double the dues in order to cover

O ganlyniad, gofynnodd y Bwrdd i Evans fynd at berchnogion llongau, capteiniaid a marsiandïwyr unwaith yn rhagor gyda chynnig i ddyblu'r ffioedd er mwyn gallu talu'r costau. Roedd y galw mor fawr am olau fel y bu iddynt gytuno. Roedd y Bwrdd wedyn yn gallu ystyried deiseb arall, ac fe'i cyflwynwyd ar 10 Mawrth 1808.

Cytunwyd ar y safle i'r goleudy gan ddau Frawd Hyn (fel y gelwid uwch aelodau Trinity House), sef Capten Cresswell a Chapten Huddart, a hwythau eisoes wedi edrych ar dri lleoliad posibl arall ger Ynys Lawd. Wedi iddynt ddychwelyd i Trinity House, fe roddwyd caniatâd o'r diwedd i godi golau. Fe ddechreuodd y gwaith o arolygu'r Stac, a fu'n gartref cyn hynny i ddim ond rhyw ychydig o ddefaid yn pori'n dymhorol yno, ar 26 Mai 1808. Cytunwyd ar les 999-mlynedd gyda Stad Bwclai (sy'n parhau i fod yn berchennog Ynys Lawd) â Trinity House ar 24 Mehefin. Y rhent oedd £15 15s 0c y flwyddyn yn daladwy bob diwrnod Nadolig. (Cafodd y Patent, a'r Drwydded i Trinity House fedru codi tollau, eu rhoi yn ddiweddarach gan Siôr III ar 26 Tachwedd 1809).

Un cynllun ymhlith llawer oedd y goleudy ar Ynys Lawd i Capten Evans; cynlluniau a roddwyd ar waith yn ystod gyrfa amrywiol a phrysur a rhai fyddai'n gwella diogelwch morwrol ar hyd arfordiroedd Gogledd Cymru.

the costs. Such was the demand for a light that they agreed. The Board was then able to consider a second petition, which was submitted on 10th March 1808.

The site for the lighthouse was agreed upon by two Elder Brethren (as senior members of Trinity House were known), namely Captains Cresswell and Huddart, who had looked at three other possible locations near to South Stack. Upon their return to Trinity House, permission to erect a light was finally granted.

Surveying the Stack, which had previously only been occupied seasonally by a few dozen grazing sheep, commenced on 26th May 1808. On 24th June a 999-year lease was agreed by the Bulkeley Estate (which still owns South Stack island) and Trinity House. The rent was set at £15 15s 0d per annum, payable each Christmas Day.

The Patent and Licence for Trinity House to charge tolls was subsequently granted by George III on 26th November 1809.

Captain Evans's concern about the need for a lighthouse at South Stack was one of his many initiatives—implemented during an industrious and varied career—that were to improve maritime safety along the coasts of North Wales.

---

**1** **Rhan o** *Cambrian Coasting Pilot*, Lewis Morris
*(Gwasanaeth Archifau Ynys Môn WM/1905/1)*

**2** **Map o Ynys Cybi**, Capten Hugh Evans, 1808
*(Gwasanaeth Archifau Ynys Môn WM/maps/1)*

**1** **From** *Cambrian Coasting Pilot*, Lewis Morris
*(Anglesey Achives Service WM/1905/1)*

**2** **Map of Holy Island**, Captain Hugh Evans, 1808.
*(Anglesey Achives Service WM/maps/1)*

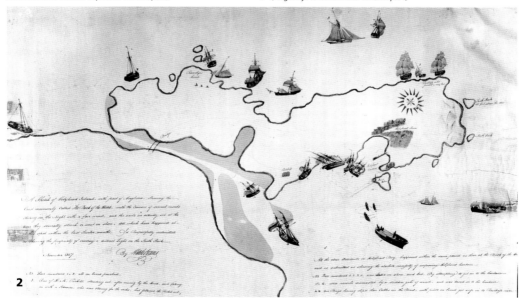

**2**

| Porthladd Caergybi | Holyhead Harbour |
|---|---|
| H Gastineau a T Higham, 1831 | H Gastineau & T Higham, 1831 |

## Capten Hugh Evans

Y Capten Hugh Evans oedd y person allweddol a awgrymodd y dylid codi a datblygu goleudy yn Ynys Lawd. Cafodd ei eni o gwmpas 1774 ac mae'n debyg mai ym Môn y digwyddodd hynny. Fe ddilynodd yrfa ar y môr yn y sector masnachol, ac hefyd roedd yn gofalu ac yn gyd-berchenog ar y brigantîn *Belvoir Castle*. Tua'r flwyddyn 1805 dechreuodd baratoi achos o blaid adeiladu goleudy ar Ynys Lawd. Fel rhan o'r gwaith hwn roedd yn ymchwilio i longddrylliadau a damweiniau eraill yn yr ardal ac yn lobio am gymorth trwy ddeisebu meistri'r llongau, eu perchenogion a chwmnïau llongau masnachol eraill, yn enwedig yn Lerpwl, tref lle roedd ganddo, fe gredir, gysylltiadau cryfion gyda'r gymuned forwrol. Ar ôl derbyn caniatâd Trinity House ym mis Mai 1808 cafodd y goleudy ei godi mewn llai na blwyddyn ac roedd hynny'n gamp ar y naw pan ystyriwn anfanteision y lleoliad. Evans oedd Fformon y gwaith adeiladu, a'r swydd, yr adeg honno, yn bwysicach o lawer nag ydyw heddiw—nid oedd rheolwyr canol ar gael rhwng y penseiri a'r dynion oedd yn gwneud y gwaith adeiladu. Yma daeth ei brofiad yn y môr gyda rhaffau a symud pwysau trymion i'r adwy i ddatrys y broblem fawr o symud defnyddiau, bwyd a dynion ar draws yr hafn i Ynys Lawd a hynny trwy dynnu rhaffau ar draws a thrwy gludo defnyddiau ar gychod bychain. Penodwyd yn Asiant gan Trinity House i'r golau ar ôl eu cwblhau. Wedyn aeth ati i gyflwyno gwelliannau, megis y bont grog ar draws yr hafn, ac ef ddyluniodd y bont a'i chodi.

Swydd rhan amser oedd ei swydd fel Asiant a manteisiodd ar y sgiliau adeiladu a enillodd i godi gorsaf arwyddion semaffor ar Fynydd Twr i gyfathrebu gyda llongau ar y môr ac i yrru negeseuon i Lerpwl. Yr orsaf hon oedd y rhagflaenydd i gadwyn o 11 o orsafoedd telegraff yn ymestyn o Fynydd Twr i Lerpwl

## Captain Hugh Evans

Captain Evans was a key person in proposing and carrying through the development of the South Stack lighthouse. He was born, probably in Anglesey, around 1774 and had a career at sea in the mercantile marine, latterly in command of the brigantine *Belvoir Castle*, of which he was also a part-owner. Around 1805 he started to prepare the case for the building of the lighthouse at South Stack. This would have involved him in research into shipwrecks and other incidents in the area and lobbying for support via a petition from masters of ships, ship owners and other commercial shipping interests, particularly at Liverpool, where it is believed that he had strong connections with the maritime community. Following approval by Trinity House in May 1808 the lighthouse was built in less than a year. Considering the location this was a creditable achievement. Evans was the Foreman for the construction work, a job title having much greater importance at that time as there was no middle management between the designers and the men undertaking the work. Here his previous experience at sea with handling ropes and shipping heavy weights was a key to solving the logistical problems of getting materials, provisions and men across the chasm to South Stack island by aerial ropeways and also landing materials from small coasting vessels. He was appointed by Trinity House as the Agent for the light on its completion.

His job as Agent was only part-time and he used his recently acquired constructional skills to build a semaphore signal station on Holyhead Mountain for communicating with ships out at sea and sending information to Liverpool. This was a forerunner to the chain of eleven telegraph stations from Holyhead Mountain to Liverpool that was built by the Liverpool

ac a godwyd gan Ymddiriedolwyr Doc Lerpwl yn 1827; yn ddiweddarach daeth ef yn Oruchwyliwr i'r cyfan ohonynt. Yn 1811 ef oedd un o'r rhai cyntaf i gael ei benodi fel Asiant gan gwmni Lloyds o gonsortiwm yswirwyr Llundain, ac roedd hon yn swydd o bwys yn yr holl borthladdoedd mawr. Wedyn cafodd ei benodi yn Harbwrfeistr Caergybi gan y Postfeistr Cyffredinol yn 1820, sef gwaith goruchwylio llongau'n angori yn yr porthladd a dyfodd yn lloches i nifer o longau hwylio mewn tywydd drwg. Yr oedd bob amser yn fawr ei ofal am ddiogelwch morwyr a hwn oedd yr ysgogiad iddo ddylunio badau bychain y gellid, mewn argyfwng, eu gwneud yn sydyn ar fwrdd llong ac roedd ar y badau hyn lyw pwrpasol y bu'n cynnal profion arnynt ym Mae Caergybi. Un arall o'i syniadau, un y cafodd batent iddo, oedd creu 'hold' ar wahân dan fwrdd isaf llong i ddal dŵr y gwaelodion, sef dyfais sy'n debyg i'r gwaelod dwbl sydd ar rai o'r llongau cyfoes.

Roedd Capten Hugh Evans yn awyddus i hyrwyddo Caergybi fel Porthladd Cysgodol ac yn 1836 cyhoeddodd daflen yn rhestru'r manteision a hynny mewn ymateb i gynnig, ar y pryd, i ddatblygu Porthdinllaen ym Mhenrhyn Llŷn. Hefyd bu'n cynghori Thomas Telford yn ystod y drafodaeth ar ddyfodol Porthladd Howth—pan rhoddwyd y gorau i'w ddefnyddio fel porthladd fferi yn 1833 pryd y symudwyd y gwasanaeth i Kingstown (Dun Laoghaire). Ar stad fechan Bryngoleu, ar gyrion Caergybi yr oedd yn byw. Bellach mae'r tir yn rhan o Bryngolau Avenue; bu farw yno ar 8 Hydref 1844 yn 70 oed. Gadawodd wraig, Grace, yr oedd wedi'i phriodi yng Nghaergybi yn 1810 a dau fab ac un ferch. Pan oedd porthladd Caergybi yn tyfu yn hanner cyntaf y bedwaredd ganrif ar bymtheg roedd y Capten Hugh Evans yn ffigwr o bwys. Yn y cyfnod hwnnw peth digon cyffredin oedd i bobl gael mwy nag un swydd gyda'i gilydd ac roedd y swyddi hynny a ddaliai'r Capten Evans yn y maes morwrol yn eithriadol—gwaith diogelwch llongau, cynnal gwasanaethau morwrol, cyfathrebu a mentrau masnachol. Yn ystod ei oes roedd yn ffigwr adnabyddus i bobl o Lerpwl a Gogledd Cymru a ymddiddorai mewn materion morwrol ond aeth ei enw yn angof yng Nghaergybi ac y mae hynny'n resyn. Fe'i claddwyd yn y fynwent yn Eglwys Cybi Sant, ond bellach ni wyddom yn lle yno y mae'r bedd.

Yr unig gofnod i'w enw sydd wedi goroesi yw hwnnw ar un o'r pedwar cyfrwy ar dop pileri cerrig y bont grog yn Ynys Lawd a'r bont honno, ynghyd â'r goleudy, yw'r cofebion pwysicaf iddo. *Dr J R Owen*

Dock Trustees in 1827 and of which he was later to become a Superintendent. In 1811 he was also one of the first to be appointed as an Agent by the Lloyd's of London consortium of insurance underwriters, which was an influential position at any of the major ports. He was appointed as the Harbour Master at Holyhead by the Postmaster-General in 1820, supervising the mooring of ships in a harbour and which became a haven for numerous sailing ships at times of inclement weather. One of his prime concerns was for the safety of mariners, when he designed liferafts which could be quickly made on board in an emergency and also a temporary rudder with which he undertook trials in Holyhead Bay. Another of his proposals, for which he obtained a patent, was for a separate hold below the orlop deck, the lowest in the ship, for holding bilge water, which is akin to the double bottom construction of some ships today.

Captain Hugh Evans was a significant figure in the maritime development of the port of Holyhead in the first half of the nineteenth century. He was keen to promote Holyhead as a Harbour of Refuge and in 1836 published a pamphlet setting out its advantages in response to one which had advocated the development of Porthdinllaen on the Lleyn Peninsula. He was a nautical advisor to Thomas Telford during the debate about the future of Howth Harbour, which was abandoned as a packet port in 1833 in favour of Kingstown (Dun Laoghaire). Although it was not unusual at this time for people to hold several jobs concurrently, the range of those held by Captain Evans concerning maritime matters was exceptional, covering ship safety, operations, communications and commercial aspects.

He lived at Bryngoleu, an estate on the outskirts of Holyhead (now part of Bryngolau Avenue) and he died there on 8th October 1844, aged 70. He was survived by his wife, Grace (whom he had married at Holyhead in 1810), two sons and a daughter. During his life he would have been well known to shipping interests in Liverpool and in North Wales. However, he has largely passed into obscurity at Holyhead and deserves to be better known. He was buried in the graveyard of St Cybi's Church. The site of his grave is unknown.

The only record of Hugh Evans's name today is on one of the four iron saddles that are situated on top of the stone pillars of the suspension bridge at South Stack which, along with the lighthouse, is his principal memorial. *Dr J R Owen*

Roedd **Daniel Asher Alexander** (1768-1846) wedi ei addysgu yn Ysgol Sant Paul yn Llundain. Yn ogystal â gweithio i Trinity House, roedd hefyd wedi bod yn syrfëwr i Gwmni Dociau Llundain rhwng 1796 ac 1831. Y goleudy ar Ynys Lawd fyddai'r cyntaf iddo'i ddylunio, ac yn ystod ei yrfa fe ddaeth yn gyfrifol am nifer o rai eraill, gan gynnwys y rhai yn Inner Farne, Heligoland, Hurst, Harwick ac Ynys Lundy. Hefyd, ymysg gwaith pwysig arall a wnaeth, fe ddyluniodd garchardai Dartmoor a Maidstone.

Daniel Alexander, gan J Partridge, tua 1818
*(National Portrait Gallery, Llundain)*

**Daniel Asher Alexander** (1768-1846) was educated at St Paul's School in London. As well as working for Trinity House, he also held the post of surveyor to the London Dock Company between 1796 and 1831. The lighthouse at South Stack was to be the first he designed, and during the course of his career he became responsible for several others, including those at Inner Farne, Heligoland, Hurst, Harwich and Lundy Island. Amongst other important works, he also designed prisons at Dartmoor and Maidstone.

Daniel Alexander, by J Partridge, *c*1818
*(National Portrait Gallery, London)*

## Adeiladu

Yn 1808, ac yn dilyn ar unwaith eu penderfyniad i godi goleudy ar Ynys Lawd, fe benododd Trinity House eu Syrfëwr—Daniel Alexander—yn bensaer y prosiect.

Fe ymwelodd Daniel Alexander â Chaergybi yn ystod Mai 1808 er mwyn recriwtio fformon a gweithwyr i baratoi ar gyfer y gwaith adeiladu. Penodwyd Capten Evans yn fformon. Trwy ei fod yn siaradwr Cymraeg fe allai gyfathrebu a rhoi cyfarwyddyd yn hawdd i'r gweithwyr.

Y peiriannydd ar Ynys Lawd oedd Joseph Nelson. Roedd Nelson wedi ei eni yn Whitkirk, ar gyrion Leeds, ac yn saer maen cymwys. Roedd Alexander wedi hoffi safon ei waith tra oedd wedi ei gyflogi gan Gwmni Dociau Llundain yn ystod blynyddoedd cynnar 1800. Ynys Lawd oedd un o'r prosiectau adeiladu cyntaf i Trinity House lle'r oedd y ddau wedi cydweithio. Er enghraifft, yn 1821 fe gwblhawyd goleudy ganddynt ar Ynys Enlli, gan weithio'n agos unwaith yn rhagor gyda Chapten Evans.

Dechreuwyd y gwaith ar dŵr y goleudy yn ystod mis Awst 1808. Cafodd y tir ei lefelu ac fe osodwyd sylfeini bas yn y graig. Adeiladwyd gali dros dro i'r gweithwyr. Cyflogwyd nifer fawr o seiri meini lleol yn ystod y cyfnod adeiladu. Roedd eu profiad o adeiladu tyrau melinau gwynt ar Ynys Môn, yn amhrisiadwy. Gan weithio oddi ar sgaffaldiau pren, roeddent yn defnyddio pwlis i godi llwythi trwm o gerrig adeiladu i fyny. Roedd y cyfuniad o weithlu sgilgar a medrus, ynghyd â thywydd ffafriol yn ystod yr hydref, yn caniatáu i'r gwaith adeiladu fynd yn ei flaen yn gyflym.

Fe adeiladwyd tŵr 28-metr o uchder gyda cherrig lleol, a'r mwyafrif wedi eu cloddio ar yr ynys fechan. Cafodd y cerrig garw i'r waliau eu clymu ynghyd gan ddefnyddio mortar calch. Ar ran isaf yr ynys, ac yn agos i'r llecyn lle mae'r bont droed gyfoes, fe adeiladwyd odyn galch. Defnyddiwyd yr odyn hon i greu'r cynhyrchion adeiladu o galch a ddefnyddiwyd trwy'r cyfnod adeiladu. Adeiladwyd storfa i'r deunyddiau adeiladu calch gerllaw.

Oherwydd natur wael y lonydd oedd yn arwain i'r ardal, a'r gwaith anodd o fynd i lawr wyneb y

## Construction

In 1808, quickly following their decision to erect a lighthouse on South Stack, Trinity House appointed their Surveyor—Daniel Alexander—as the project's architect.

Daniel Alexander was instructed to visit Holyhead during May 1808 in order to recruit a foreman and workers in preparation for starting the building work. Captain Evans was appointed foreman. Being a native Welsh speaker he could easily communicate and pass on instructions to the workers.

The resident engineer at South Stack was Joseph Nelson. Nelson had been born in Whitkirk, a suburb of Leeds, and was a trained stonemason. Alexander had been impressed by the standard of his work whilst they were both employed by the London Dock Company, during the first few years of the 1800s. South Stack was the first of many construction projects for Trinity House upon which both men collaborated. For example, in 1821 they completed a lighthouse on Bardsey Island, again working closely with Captain Evans.

Work started on the lighthouse tower during August 1808. The ground was levelled and shallow foundations were created in the bedrock. A temporary galley was constructed for the workers. Local millwrights were employed extensively during the construction period. Their expertise in constructing masonry towers, gained from building Anglesey's numerous tower windmills, proved invaluable. Working from timber scaffolding, they used pulleys to haul up the heavy loads of building stone. The combination of a skilled and competent work force, together with fair autumnal weather, allowed work to progress quickly.

A 28-metre tall tower was built from local rock, most of which was quarried on the small island. The undressed masonry for the walls was bound together using lime mortars. On the bottom part of the island, near to where the footbridge is now located, a lime kiln was built. This kiln was used to create the lime-based building products used throughout the construction period. A store for the lime building materials was also constructed nearby.

Goleudy Ynys Lawd, gan y Capten Hugh Evans
Dyfrlliw, tua 1809 *(Llyfrgell Genedlaethol Cymru)*

The South Stack Lighthouse, by Captain Hugh Evans
Watercolour, c1809 *(National Library of Wales)*

**Mae llun dyfrlliw a beintiwyd gan y Capten Evans tua diwedd 1808** *(fe'i welir o fewn clawr blaen y llyfr hwn)* **yn awr yng nghasgliad Cyngor Sir Ynys Môn. Ynddo gwelir y goleudy'n cael ei adeiladu ac mae'n cynnig nifer o syniadau ynglŷn â dulliau gweithio'r cyfnod.**

Dangosir grŵp o weithwyr yn cloddio'r cerrig ar yr ynys. Mae Capten Evans hefyd yn dangos eitemau yn cael eu dadlwytho ar ochr ddeheuol yr ynys trwy ddefnyddio nifer o dderics dros dro. Dangosir y tŵr wedi hanner ei adeiladu, a gweithwyr yn defnyddio sgaffaldiau coed a phwlis i dynnu'r cerrig adeiladu a'r mortar i fyny.

Mae darlun arall tebyg gan y Capten Evans (a weler uchod), yn dangos y goleudy wedi'i gwblhau. Gyda'r darlun hwn fe geir llythyr at un 'Mr Staniforth'—yn fwy na thebyg Samuel Staniforth, masnachwr o Lerpwl. Yn ei lythyr, mae Capten Evans yn disgrifio manylion ei ddarlun. Er enghraifft, dangosir negesydd yn rhoi bara a jwg o lefrith i'r gweithwyr gan ddefnyddio rhaff. Ar ochr ogleddol yr Ynys mae eitemau trwm yn cael eu winsio i fyny ac ar yr ochr ddeheuol fe welir cwch wedi angori a charreg galch yn cael ei dadlwytho ohono. Yn ddiddorol iawn, fe welir ym mlaen y ddau ddarlun, gwch yn llawn o deithwyr yn mwynhau'r olygfa; fe fyddai adeiladu goleudy mewn lleoliad mor anodd yn sicr o fod wedi denu ymwelwyr i weld y gwaith.

Efallai mai'r darluniau hyn yw'r rhai cynharaf o oleudy Ynys Lawd.

**A watercolour painted by Captain Hugh Evans towards the end of 1808** *(reproduced inside the front cover of this book)* **is now in the collection of the Isle of Anglesey County Council. It shows South Stack under construction and provides many clues as to how the lighthouse was built.**

A group of workmen quarrying stone on the island is illustrated. Captain Evans also shows items being unloaded on the south side of the island using a series of temporary derricks. The tower is shown half built, and workmen are using timber scaffolding and pulleys to hoist the building stone and mortars.

Reproduced above is a similar painting by Captain Evans, showing the completed lighthouse. In a letter addressed to a 'Mr Staniforth'—probably Samuel Staniforth, a Liverpool merchant—Captain Evans describes the various details of his painting. For example, a messenger is illustrated supplying the workers with bread and a jug of milk by means of the aerial ropeway. On the north side of the island heavy items are shown being winched up onto the island, whereas on the south side, a boat is moored and limestone is shown being unloaded. Interestingly, in the foreground of both paintings, a boat loaded with sightseers is shown; the building of a lighthouse in such a difficult location would undoubtedly have drawn spectators.

These paintings may be the earliest surviving images of South Stack Lighthouse.

clogwyn, fe wnaed defnydd helaeth o gychod. Roedd tunelli o ddeunyddiau'n cyrraedd ar hyd y môr o Gaergybi ac ymhellach. Ger y dyfnjwn (y sianel gul rhwng Ynys Lawd a'r tir mawr) mae traeth bychan sydd, os nad yw'r gwynt yn chwythu o gyfeiriad y gogledd, yn cynnig ychydig o gysgod. Roedd y cychod yn cael eu dwyn i mewn mor agos ag oedd yn bosibl, er y gallai fynd i lawr oddi arnynt fod yn anodd pan geid ymchwydd mawr yn y môr. Defnyddid wins i dynnu deunyddiau a bwyd i fyny i'r ynys o'r cychod islaw. Mae'r grisiau sy'n arwain i lawr i'r lanfa wedi eu cerfio yn y graig.

Dyluniad syml iawn sydd i dŵr y goleudy gyda waliau cerrig yn culhau'n raddol. Ymysg nodweddion pensaernïol y tŵr fe geir mediliwns (bracedi'n ymestyn allan) i gynnal y balconi. Defnyddiwyd darnau mawr o lechen i wneud y llawr a siliau'r ffenestri. Mae'n fwy na thebyg i'r rhain ddod o chwareli'r Penrhyn ger Bethesda, oedd â chysylltiad rheilffordd uniongyrchol o'r chwareli i'r porthladd ym Mhorth Penrhyn. Byddai'r llechi trwm yn cael eu cario ar longau o'r porthladd yn syth i Ynys Lawd.

Mae'r stepiau sy'n ffurfio'r grisiau cylch wedi eu gwneud o ddarnau mawr o garreg galch Penmon, wedi eu hadeiladu neu eu cloi i waith cerrig y tŵr. Ceir canllaw haearn bwrw yn dilyn cylch y grisiau i fyny i'r ystafell wylio.

Ar ben y tŵr ceir ystafell y lantern, lle ceir y prif beiriannau goleuo. Roedd y paneli gwydr yn yr ystafell lantern yn wreiddiol yn rhai fflat a hirsgwâr eu siâp, gyda bariau gwydro hydredol a llorweddol o haearn bwrw. Roedd ystafell hefyd yn cael ei chynnal gan strytiau atgyfnerthol ar y tu allan, oedd yn ymestyn o ochr allanol llawr y balconi hyd at waelod bargod ystafell y lantern; roedd y rhain yn ychwanegiadau cyffredin i lanternau goleudai oedd mewn mannau yn nannedd y ddrycin.

Roedd to ystafell y lantern wedi ei wneud o haen o gopr, mewn siâp conig ac arno gapan awyru ar ffurf pelen a hefyd geiliog gwynt.

Owing to the poor nature of the roads leading to the area, and the difficult descent of the cliff face, boats were used extensively during the construction work. Many tons of materials arrived by sea from Holyhead and further afield. Near the chasm (the narrow channel between Stack and mainland) there is a small cove which, providing the wind is not from a northerly direction, offers some shelter. Boats were brought in as close as possible, although disembarking during a heavy swell could be difficult. A winch was used to hoist up materials and provisions onto the island from the boats below. Steps which lead down to the landing were also carved into the rock.

The lighthouse tower is of a simple design, with tapering masonry walls. Amongst the architectural features of the tower are the medillions (projecting brackets) supporting the balcony. Large slate pieces were used to form the flooring and the window sills. These could well have come from the Penrhyn quarries near Bethesda, which at the time had a direct railway link from the quarries to the quay at Porth Penrhyn. From there the heavy items would be shipped directly to South Stack.

The steps forming the circular staircase are made from large pieces of Penmon limestone, built or keyed into the masonry of the tower. A cast-iron handrail follows the spiral of the staircase up to the watch room. At the top of the tower is the lantern room, containing the main lighting apparatus. The glazing panels of the lantern room were originally flat and rectangular in shape, with horizontal and vertical glazing bars constructed from cast-iron. The room was also supported by external bracing struts, which extended from the outside edge of the balcony floor to just below the eaves of the lantern roof; these were common additions to lighthouse lanterns when sited in exposed locations.

**Goleudy Ynys Halen, Caergybi.**
Mae'r lantern yma'n dyddio'n ôl i 1821, pan adeiladwyd y goleudy. Mae'r dyluniad yn debyg i lantern gwreiddiol Ynys Lawd. *(Casgliadau Oriel Ynys Môn)*

**Salt Island Lighthouse, Holyhead.**
This lantern dates back to 1821, when the lighthouse was built. It is similar in design to the original South Stack lantern. *(Oriel Ynys Môn Collections)*

Roedd iddo simnai i'r stôf haearn bwrw oedd yn yr ystafell wylio. Roedd darnau rhwyllog o haearn bwrw ar gyfer awyru hefyd yn llawr ystafell y lantern. Roedd y drafft oedd yn codi yn y tŵr felly yn creu effaith simnai gref, ac yn galluogi i ffiwms y lampau olew ddianc. Roedd y rhain hefyd yn caniatáu i fwy o aer fynd drwy'r lampau a thrwy hynny gynyddu disgleirdeb y golau. Ymhellach i hyn, roeddent yn helpu i atal dŵr rhag anweddu ar du mewn y gwydr. Mae'r nodweddion hyn yn dangos mor ddyfeisgar oedd peirianwyr rhan gyntaf y bedwaredd ganrif ar bymtheg.

Mae erthygl a ysgrifennwyd gan y Parch Edward Stanley, yn ddiweddarach Esgob Norwich, ac a gyhoeddwyd yng Nghyfrol Chwefror 1831 y Blackwoods Magazine, yn rhoi mwy o wybodaeth ynglŷn â gwaith adeiladu goleudy Ynys Lawd. (Fel brawd ieuangaf yr Arglwydd Stanley cyntaf o Alderley, roedd Dr Stanley yn gwybod yn dda am Ynys Lawd: nid oedd stad y teulu ym Mhenrhos ond rhyw bedair milltir tua'r dwyrain). Yn ôl Dr Stanley

The lantern room's roof, formed from sheet copper, was conically shaped and topped by a ball ventilator finial and a weather vane. It had a chimney for the cast-iron stove that was located in the watch room. Vented cast-iron pieces were also incorporated into the floor of the lantern room. The resulting updraft in the tower created a strong chimney effect, facilitating the escape of the fumes from the oil lamps. In addition, this series of vents allowed more air to pass through the lamps, thus increasing the brightness of the light. Furthermore, they helped reduce the formation of condensation on the inside of the glazing. These built-in design features are an indication of the practical ingenuity of the engineers who were at work during the early part of the nineteenth century.

An article written by the Reverend Edward Stanley, Rector of Alderley and later Bishop of Norwich, and published in the February 1831 edition of *Blackwoods Magazine*, provides further information relating to the building of South Stack. (As the younger brother

Dyma fanylder o lun y Capten Hugh Evans, 1808,
sy'n dangos sut danfonwyd deunyddiau i Ynys Lawd
*(Casgliadau Oriel Ynys Môn 4/09)*

This detail of Captain Hugh Evans's painting of 1808
shows how provisions were delivered to South Stack
*(Oriel Ynys Môn Collections 4/09)*

roedd deg a thrigain o weithwyr yn teithio i'r ynys gyda chwch. Dim ond ar nos Sadwrn y caent adael, ac roedd yn rhaid iddynt ddychwelyd y nos Sul canlynol. Gan fod y môr yn arw ac yn anwadal, nid oedd bob amser yn ymarferol i ddadlwytho eitemau o'r cychod, ac nid oedd y gweithwyr bob amser yn gallu gadael ar ddiwedd eu gwaith. Roedd nifer o'r nwyddau dyddiol hanfodol a chyflenwadau eraill i'r gweithwyr yn cael eu cario i'r ynys mewn basgedi yn hongian oddi ar raffau, ac yn croesi'r dyfnjwn o glogwyni'r tir mawr. Roedd Dr. Stanley hefyd yn dweud i weithiwr unwaith dderbyn newyddion bod ei fam heb fod yn dda, ond iddo fethu a gadael yr ynys oherwydd nad oedd cwch ar gael. Ac yntau'n wyllt i weld ei fam, fe groesodd ar y rhaff, trwy hongian arni a defnyddio ei ddwylo a'i goesau i dynnu ei hun ar hyd-ddi. Fe gyrhaeddodd yr ochr arall yn ddiogel i sŵn bonllefau ei gydweithwyr. Fodd bynnag, pan ddychwelodd, fe gafodd gerydd gan ei arolygwyr, a rhybuddiwyd yr holl weithwyr i beidio ag efelychu ei weithred fentrus.

Wrth i'r gwaith fynd yn ei flaen fe ddaeth yn amlwg fod angen dull gwell a mwy diogel o gael at yr ynys. Fe gafwyd yr ateb gan saer melinau lleol a phrofiadol, a thrwy weithio gyda'r Capten Evans, fe ddyfeisiodd system lle'r oedd crud fel bocs yn cael ei hongian oddi ar y ddwy raff gref o gywarch. Roedd dwy raff arall yn sownd ac yn gweithio fel sadwyr o bobtu gwaelod y ddyfais. Roedd yn rhaid i deithwyr dynnu eu hunain yn gorfforol ar draws y dyfnjwn i'r ynys, pellter o tua 150 troedfedd. Bu'r ddyfais hon yn ateb i lawer o'r problemau gyda chael mynediad i'r ynys a rhoddodd wasanaeth dibynadwy am ryw 5 mlynedd.

of the first Lord Stanley of Alderley, Dr Stanley knew South Stack well: the family's estate of Penrhos lay just four miles to the east.) According to Dr Stanley, the seventy workmen employed travelled to the island by boat. They were only permitted to leave the island on a Saturday evening, and had to return on the following Sunday evening. Owing to the rough and unpredictable nature of the seas, it was not always practicable to land items from boats, and workers were not always able to leave at the end of their shift. Many of the essential daily provisions and supplies required for the workers were transported onto the island using aerial ropeways with under-hanging baskets, which crossed the chasm from the cliffs of the mainland. Dr Stanley also reported that a workman on the island once received news that his mother was unwell, but was unable to leave due to the lack of a boat. Desperate to see his ailing mother, he crossed the aerial ropeway, hanging underneath, using his hands and legs to pull himself along. He made it safely across the chasm, to the cheers of his fellow workers. However, upon his return, he was severely reprimanded by his supervisors, and afterwards all workers were warned never to emulate his daring feat.

As work progressed it became clear that an improved and safer means of access was required. The solution came from an experienced local millwright who, working in conjunction with Captain Evans, devised a system whereby a box-type cradle was suspended from two strong hempen ropes. Two further ropes were attached as stabilisers to either side of the bottom of the device. Passengers had to physically pull themselves across the chasm and onto the island; a distance of approximately 150 feet. This invention alleviated many of the access problems, and provided five years of reliable service.

Ar un adeg fe geisiodd ci'r Capten Evans neidio i mewn i'r crud wedi iddo ddechrau ar ei siwrnai. Gan fethu â mesur y pellter cynyddol i'r crud, fe ddisgynnodd y ci i'r môr, tua 60 troedfedd islaw. Yn ffodus ddigon roedd y tywydd yn ddistaw ac fe nofiodd y ci at y creigiau ac fe'i hachubwyd yn ddianaf yng ngwaelod y dyfnjwn.

Captain Evans's dog once attempted to leap into the cradle after it had begun its journey. Misjudging the steadily increasing distance, the dog fell into the sea, approximately 60 feet below. Fortunately the weather was calm and the dog was able to swim to safety. It was rescued unhurt from the rocks at the bottom of the chasm.

Ar ôl dyfais y crud, fe adeiladwyd pont grog o raffau yn y man lle mae'r bont droed bresennol ar draws y dyfnjwn.

Er ei bod yn llawer mwy ymarferol na'r crud, roedd adroddiadau ar y pryd yn dweud fod croesi'r bont yn brawf o nerfau dyn. I'w stopio rhag siglo yn y gwyntoedd cryf, fe glymwyd rhaffau i waelod y bont a'u rhwymo i'r creigiau ar naill ochr y dyfnjwn. Fe ddefnyddiwyd y bont hon heb unrhyw anhap am ddeuddeng mlynedd arall.

Roedd teithio i Gaergybi ar hyd y ffordd hefyd yn bur anodd. Mae cynllun o'r ffordd gyda nodiadau, a luniwyd gan Capten Evans a'i anfon i Trinity House yn Nhachwedd 1813—yn dangos y problemau. Disgrifir y ffordd o Gaergybi i dŷ Glan yr Afon, sydd wedi ei ddymchwel ers amser maith, fel un oedd yn iawn i goetsys mewn llefydd, ond ei bod angen ei thrwsio. O Glan yr Afon (lle mae colofn i'w gweld heddiw gyda'r arysgrifiad 'Trinity House London, 1809') i fyny i Blas Nico, fe ddisgrifir y ffordd fel trac garw yn pasio trwy dir amaethyddol. Fodd bynnag, roedd y tir rhwng Plas Nico a phen y grisiau yn dir comin, oedd yn gwneud teithio'n anodd. Yn wreiddiol, roedd y trac hwn yn gwyro i'r gogledd o Goferydd ac yna'n troi yn siarp tua'r gorllewin ac at ben y grisiau. Yn ei gynllun, roedd Capten Evans yn cynnig y byddai o fantais i newid cwrs y ffordd ac y dylai redeg yn uniongyrchol i fyny'r allt tuag at Ynys

Superseding the cradle, a rope suspension bridge was constructed. This was located where the current footbridge spans the chasm.

Although much more practical than the cradle, it was reported at the time that crossing the bridge was a test of nerves. In an attempt to stop it swaying in the strong winds, ropes were attached to the underneath of the bridge and fixed to the rocks on either side of the chasm. This bridge was used without incident for a further twelve years.

Road access from Holyhead was also difficult. An annotated plan of the road—drawn by Captain Evans and sent to Trinity House in November 1813—highlights the problems. From Holyhead to the house of Glan yr Afon (which has long been demolished) the road is described as passable for coaches in places, but in need of repairs. From Glan yr Afon (where a pillar now stands with the inscription 'Trinity House London, 1809') up to Plas Nico, it is described as a rough track passing through farming land. However, the land between Plas Nico and the entrance to the steps was common land, making travelling difficult. Originally, this track veered to the north of Goferydd, then turned sharply westwards towards the top of the steps. In his plan, Captain Evans proposes that it would be beneficial to alter the course of the road and that it should run directly up the hill towards South Stack. Furthermore, he

Lawd. At hyn, mae'n mynnu y dylai'r plwyf gymryd cyfrifoldeb ariannol llawn am y gwaith. Yn y cynigion mae'n awgrymu y dylai'r Arglwydd Bwclai fynd at yr Arglwyddes Stanley fel y gallai hi ddefnyddio ei dylanwad i gael y gwaith wedi ei wneud. Ynghyd â llythyr Capten Evans fe geir amcangyfrif o'r gost, oedd tua £110. Cafodd y gwaith ei awdurdodi wedi hynny ac mae llwybr y ffordd wedi parhau yr un hyd heddiw.

insists that the parish should take full financial responsibility for this work. In the proposal he suggests that Lord Bulkeley should approach Lady Stanley to use her influence to get the work undertaken. Accompanying Captain Evans's letter is an estimate of the cost, amounting to £110. Work was subsequently authorised, and the route of the road has remained unchanged to this day.

---

1 Pont gywarch Ynys Lawd, 1815, William Daniell
*(Casgliadau Oriel Ynys Môn 2/95)*

2 Map y Capten Hugh Evans, 1813
*(Casgliadau Trinity House)*

1 The rope bridge at South Stack, 1815, William Daniell
*(Oriel Ynys Môn Collections 2/95)*

2 Captain Hugh Evans's map, 1813
*(Trinity House Collections)*

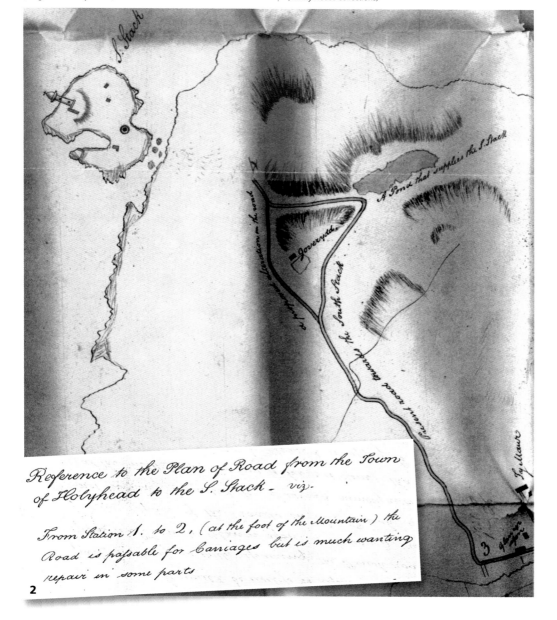

Roedd y ffaith nad oedd dim dŵr ar yr ynys hefyd yn broblem i'r peirianwyr. Eu hateb oedd gosod pibell gynfas o tua 900 troedfedd o hyd o'r gronfa fechan ar gopa Mynydd Twr i lawr wyneb y clogwyn i'r Ynys ar draws y dyfnjwn. Roedd y bibell yn cyflenwi dŵr ar gyfer adeiladu, golchi ac i'w yfed. Roedd pwysedd digonol i sicrhau cyflenwad cyson o ddŵr rhwng y gronfa a'r ynys. Unwaith y cwblhawyd y gwaith adeiladu, fe osodwyd tanc llechi yng ngwaelod y grisiau ar ochr y tir mawr i'r bont. Fe newidiwyd y bibell gynfas dros dro am bibell haearn oedd yn rhedeg i lawr wyneb y clogwyn ger y grisiau. Yn ystod y cyfnod cynnar hwn yn hanes y goleudy, roedd yn rhaid i'r gofalwyr a'u teuluoedd nôl eu dŵr yn ddyddiol o'r ffynhonnell hon. Roedd dŵr glaw oedd yn cael ei gasglu oddi ar doeau'r anheddau hefyd yn cael ei storio mewn tanciau llechi. Gwnaed y tanciau hyn gan Weithiau Marmor a Llechi Bangor. Cludwyd slabiau llechi mawr o Fangor i Ynys Lawd gyda chwch, ac wedi eu dadlwytho, eu bolltio ynghyd a'u selio gyda sment fel eu bod yn dal dŵr. Roedd caeadau coed yn cael eu defnyddio fel gorchuddion.

Gosodwyd yr adlewyrchyddion a'r ffrâm yn ystafell y lantern gan George Robinson. Ei gwmni ef oedd prif gyflenwr adlewyrchyddion parabolig i Trinity House ar y pryd. Ef oedd wedi datblygu adlewyrchydd yn 1806 o'i batrwm ei hun gyda lens er mwyn gwneud pelydr y goleuni'n fwy. Roedd pob un yn 21 modfedd o led a 9 modfedd o ddyfnder. Robert Wilkins & Son oedd cyflenwyr y lampau olew.

Dangoswyd y golau yn swyddogol am y tro cyntaf yn Ynys Lawd ar ddydd Iau, 9 Chwefror 1809, naw

The lack of water on the island also posed a problem for the engineers. Their solution was to install a canvas hose, totalling 900 feet in length, which ran from the small reservoir at the summit of Holyhead Mountain down the cliff face to the island, crossing the chasm. This supplied water for building, washing and for consumption. Sufficient head of pressure between the reservoir and the island ensured a steady water supply. Once all construction work was finished, a new slate tank was installed at the bottom of the steps on the mainland side of the bridge. The temporary canvas hose was replaced by an iron pipe, which ran down the cliff face adjacent to the steps. During this early period in the lighthouse's history, the keepers and their families had to collect their daily supply of water from this source. Rainwater collected from the roofs of the dwellings was also stored in slate tanks. These tanks were provided by the Bangor Marble & Slate Works. The large slate slabs were transported from Bangor to South Stack by boat, and once unloaded, they were bolted together and made watertight with a cement seal. Timber lids were used as covers.

The reflectors and frame in the lantern room were installed by George Robinson. At the time his company was the chief supplier of parabolic reflectors to Trinity House. He had first developed his own pattern of reflector, which had a lens in order to magnify the light beam, in 1806. Each one was 21 inches wide and 9 inches deep. The oil lamps were supplied by Robert Wilkins & Son.

The light was first officially shown at South Stack on Thursday, 9th February 1809, a mere nine months after work was started—an outstanding feat considering the difficulties involved. Rotated by clockwork, the Robinson lamps set upon the frame rested upon well-greased iron rollers. These had to be kept clean in order to facilitate the rotation and to maintain the character of the light. The entire apparatus completed one revolution every six minutes. As it was three sided, it therefore provided South Stack with a character of one white flash every two minutes. It was reported at the time that during clear weather the light could be seen from a distance of ten leagues, approximately thirty miles.

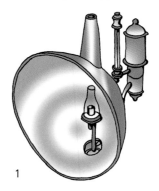

1

---

1 Lamp olew argand ac adlewyrchydd
2 Ynys Lawd tua 1816, arlunydd di-enw
*(Llyfrgell Genedlaethol Cymru D6956)*

1 Argand lamp and reflector
2 South Stack Lighthouse c1816, artist unknown
*(National Library of Wales D6956)*

2

mis wedi i'r gwaith gael ei ddechrau—camp anhygoel o ystyried yr anawsterau oedd ynglŷn â hynny. Roedd lampau Robinson wedi eu gosod ar ffrâm oedd yn cael ei throi trwy waith cloc ac yn eistedd ar olwynion haearn wedi eu hiro'n dda gyda saim. Roedd yn rhaid cadw'r rhain yn lân er mwyn hwyluso'r gwaith troi ac i gynnal nodweddion y golau. Roedd yr holl offer yn gwneud un tro crwn bob 6 munud. Gan fod tair ochr iddo, roedd yn rhoi i oleu dy Ynys Lawd nodwedd o un fflach wen bob dau funud. Roedd sôn ar y pryd y gellid gweld y goleuni ar ddiwrnod clir o bellter o 10 milltir Ffrengig, sef oddeutu 30 milltir. Roedd mordwyo i mewn i Gaergybi yn llawer haws wedi hynny ac roedd hefyd yn caniatáu i longwyr fordwyo arfordir Gogledd Cymru gyda mwy o hyder. Ar y pryd—cyn cyflwyno'r gwasanaeth bad achub—goleudai oedd yr unig ddiogelwch oedd ar gael i forwyr yn ystod y nos.

Er bod mwyafrif goleudai Lloegr a Chymru, gan gynnwys Ynys Lawd, yn defnyddio lampau olew ffownten, nid dyma'r system fwyaf effeithiol ac roedd angen eu cynnal a'u cadw'n barhaus. Roedd y mathau eraill o lampau olew, megis y lamp bwmp neu'r lamp moderator, yn gallu rhoi golau mwy disglair. Fodd bynnag, roedd lampau ffownten yn fwy cyffredin gan mai'r rhain oedd y rhataf i'w rhedeg. Yn ystod y bedwaredd ganrif ar bymtheg, fe barhaodd pris olew i gynyddu'n raddol ac am fod olew yn cael ei ddefnyddio'n helaeth mewn goleudai, fe ddywedodd yr arolygwyr wrth y ceid-

Navigating into Holyhead was made easier, and it also allowed mariners to navigate the north Wales coast with greater confidence. At this time—before the introduction of the lifeboat service—lighthouses were the only safety measure available to mariners during the hours of darkness.

Although the majority of lighthouses in England and Wales, including South Stack, employed fountain oil lamps, this was not the most efficient of systems and required continuous maintenance. Other types of oil lamp, such as the pump lamp or the moderator lamp, were able to provide a brighter light. However, fountain lamps were commonplace because they proved the most economical to run. The price of oil was to increase steadily during the nineteenth century, and as it was the greatest item of consumption in lighthouses, the keepers were instructed by their Superintendents to monitor closely the amount used and make monthly reports. The majority of Trinity House lighthouses during the first half of the nineteenth century used sperm whale oil, also known as spermaceti oil. The best whale oil produced a good light with little odour and had good flow properties, making it ideal for use in lighthouses which had multiple oil lamps. As its price steadily increased and its availability diminished, other types of oils were introduced. During the mid-1840s, 'Colza', a rapeseed oil, was introduced and became the fuel of choice for lighthouse oil lamps.

waid am fonitro faint oedd yn cael ei ddefnyddio'n ofalus a pharatoi adroddiadau misol. Olew'r morfil gwyn oedd yn cael ei ddefnyddio gan y mwyafrif o oleudai Trinity House yn ystod hanner cyntaf y bedwaredd ganrif ar bymtheg; yr enw arall arno oedd olew spermaceti. Roedd yr olew morfil gorau yn cynhyrchu golau da heb fawr ddim o arogl ac roedd yn llifo'n dda, gan ei wneud yn ddelfrydol mewn goleudai lle ceid nifer fawr o lampau olew. Wrth i'w bris gynyddu'n raddol ac i'r olew brinhau, fe gyflwynwyd mathau eraill o olew. Yn ystod canol yr 1840au, fe gyflwynwyd 'Colza', olew had llin, ac wedi hynny dyma'r olew a ddewiswyd ar gyfer lampau olew'r goleudai.

Fel rhan o daith-canfod-ffeithiau i Brydain, fe ymwelodd Americanwr, Capten Winslow Lewis o Cape Cod, ag Ynys Lawd yn ystod 1809. Roedd wedi rhyfeddu gyda threfniant y lampau olew a'r adlewyrchyddion. Yn wir, pan ddychwelodd i'r Unol Daleithiau fe ddatblygodd ei lamp oleudy ei hun, gyda lens ychwanegol wedi ei gosod yn uniongyrchol o flaen ffynhonnell o olau. Fodd bynnag, oherwydd gwahaniaethau bychain yn y dyluniad, nid oedd ei unedau mor effeithiol â'r lampau yr oedd wedi eu gweld yn Ynys Lawd. Er iddynt dderbyn beirniadaeth o sawl cwr, fe ddefnyddiwyd ei ddatblygiadau, oedd yn seiliedig ar ei ymweliad ag Ynys Môn, yn eang trwy holl wasanaeth goleudai'r Unol Daleithiau yn y bedwaredd ganrif ar bymtheg.

Prif waith ceidwad y goleudy a'i gymhorthydd oedd cynnal a chadw'r prif olau. Roedd i bob un o'r 21 lamp olew ei hadlewyrchydd parabolig ei hun, ac roedd yr offer wedi ei drefnu ar ffrâm driongl oedd yn troi: saith lamp ac adlewyrchydd i bob un o wynebau'r ffrâm. Roedd yr adlewyrchyddion wedi eu gwneud o bres disglair iawn gyda leinin arian. Roedd simnai fechan yn hanner uchaf pob adlewyrchydd yn caniatáu i ffiwms awyru at i fyny. Byddai'n rhaid i'r ceidwaid, yn feunyddiol, lanhau a pholishio'r adlewyrchyddion er mwyn cadw'r lampau'n llachar.

Yn ystod ei shifft, byddai'r ceidwad yn aros yn yr ystafell oedd yn union islaw'r lantern gan sicrhau fod y lampau yn goleuo ac yn troi trwy gydol y nos. Heddiw, bydd Trinity House yn cyfeirio at yr ystafell hon fel yr 'ystafell wasanaethu'. Fodd bynnag, yn ystod dyddiau'r lampau olew, yr enw a roid i'r ystafell oedd yr ystafell wylio, am resymau amlwg.

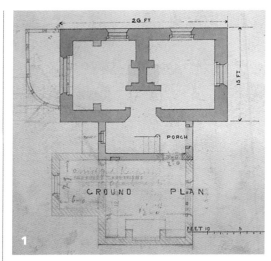

1

As part of a fact-finding trip to the British Isles, an American, Captain Winslow Lewis from Cape Cod, visited South Stack during 1809. He was impressed by its arrangement of oil lamps and reflectors. Indeed upon return to the United States he developed his own lighthouse lamp, which had an additional lens placed directly in front of the light source. However, due to subtle design differences, his units were not as effective as the lamps he had seen at South Stack. Despite receiving widespread criticism, his developments, based upon his visits to Anglesey, were to be used widely throughout the United States Lighthouse Service during the nineteenth century.

The maintenance of the main light was the main occupation of the keeper and his assistant. Each of the 21 oil lamps had its own parabolic reflector, and the apparatus was arranged on a rotating triangular frame: seven lamps and reflectors to each face of the frame. The highly polished reflectors were made of brass and lined with silver. A small chimney in the upper half of each reflector allowed fumes to vent upwards. Keepers had to clean and polish the reflectors in order to maintain the brilliance of the lamps. These duties were an integral part of their daily work routine.

During his shift, the keeper would stay in the room directly below the lantern and maintain the lamps and their rotation throughout the night. Today, Trinity House refers to this space as the 'service room'. However, during the days of the oil lamps, it was referred to as the watch room, for obvious reasons.

Pan adeiladwyd ef gyntaf, roedd i'r goleudy lawr cyntaf oedd tua 11 troedfedd uwchlaw lefel y llawr. Y cyfan sy'n parhau heddiw i ddangos y nodwedd hon yw darn bychan o'r grisiau cylchog, gyda ffenestr na ellir mynd ati ar ochr arall y tŵr. Y prif danciau olew, a elwid yn sestonau olew, ynghyd â lampau sbâr, y wiciau a'r silindrau gwydr ar gyfer yr offer goleuo, oedd yn cael eu cadw yn yr ystafell storio hon ar y llawr isaf. Fe gostiodd y tŵr a'r offer ynddo £11,828 17s 9c i Trinity House. Doedd y swm hon ddim yn cynnwys tai ceidwaid y goleudy, a gwblhawyd yn ddiweddarach.

Adeiladwyd dwy annedd ar wahân ar gyfer y ddau geidwad a'u teuluoedd tra roedd adeilad bychan arall yn cael ei ddefnyddio fel swyddfa i Capten Evans pan oedd yn bresennol yn y goleudy. Roedd y tri adeilad wedi eu hadeiladu o rwbel gan ddefnyddio carreg leol ddi-nâdd ac roedd toeau llechi iddynt. Yn flynyddol câi'r holl adeiladau, gan gynnwys eu toeau, eu gwyngalchu. Roedd i'r annedd ym mhen de orllewin yr ynys, sydd wedi ei hen ddymchwel, ddwy ystafell gyda lle tân yn y ddwy ac yn mesur 26 troedfedd wrth 15 troedfedd o led. Gyda llaw, mae mesuriadau'r annedd hon yn cyfateb yn agos iawn i faint hen dŷ ceidwad goleudy Ynysoedd y Moelrhoniaid. Adferwyd hwnnw yn ystod 2003 a 2004, a honnir bod hwnnw'r hynaf o'i fath mewn bod. Roedd annedd y gofalwr arall ar Ynys Lawd—mewn llecyn agos i'r lle y mae'r annedd gyfoes—yn fwy gyda gwagle yn y llofft.

When first built, the lighthouse had a first floor some eleven feet high from ground level. All that now survives to indicate this feature is a short level section on the circular steps, with an inaccessible window on the opposite side of the tower. The main oil tanks, known as oil cisterns, together with spare lamps, wicks and glass cylinders for the lighting apparatus, were kept in this ground floor storeroom. When completed, the tower and the installation of the equipment cost the Co-operation of Trinity House £11,828 17s 9d. This sum did not include the keepers' dwellings, which were completed later.

Two separate dwellings were built to house the two keepers and their families. Another small building provided office space for Captain Evans when he was present at the lighthouse. The three buildings were again rubble built using local undressed stone and had slate roofs. All buildings, including their roofs, were limewashed each year. The dwelling at the south-westerly tip of the island, which has long since been demolished, had two rooms each with its own fireplace, and measured 26 feet by 15 feet. Incidentally, the dimensions of this dwelling corresponds closely with the size of the old keeper's dwelling at the Skerries lighthouse. Restored during 2003 and 2004, that dwelling is reputed to be the oldest of its type in existence. The other keeper's dwelling on South Stack—located close to where the current dwelling now stands—was larger and had loft space.

---

1 Dengys yr elfennau o'r cynllun sydd wedi eu lliwio'n llwyd, amlinelliad tŷ'r ceidwad ar flaen Ynys Lawd
(*Amgueddfa Morwrol Glannau Mersi MDHB/Plans/South Stack*)

2 Mae'n bosib mai'r ffotograff hwn yw'r cynharaf o Ynys Lawd. Fe'i tynnwyd tua 1860 gan Francis Bedford. Mae'n dangos y ddau dŷ ceidwaid gwreiddiol (*Casgliad yr Awdur*)

1 The grey shaded areas of the plan show the original layout of the dwelling located on the tip of South Stack
(*Merseyside Maritime Museum MDHB/Plans/South Stack*)

2 It is possible that this is the earliest photograph of South Stack. It was taken by Francis Bedford around 1860. The original keepers' dwellings are clearly shown (*Author's Collection*)

Roedd amgylchiadau gweithio a byw yn anodd yn y tŵr a'r tai. Oherwydd bod lluwch dŵr y môr yn cael ei gario yn y gwynt a'r glaw gyrru, yn arbennig yn ystod misoedd y gaeaf, roedd y tu mewn bob amser yn damp. Yn y tŵr yr oedd y broblem fwyaf, gan y byddai'r waliau bron bob amser yn llaith. Ar adegau fe ddywedid fod y dŵr yn llifo i lawr y waliau mewnol. Byddai'n rhaid cynnau stofiau llosgi glo drwy'r amser, a hynny yn ystafell y lantern a'r ystafell wylio. Roedd hyn oll yn gofyn am gyflenwad dibynadwy o lo ac roedd hynny'n gostus.

Cafodd nifer o bethau eu treialu er mwyn stopio'r glaw a lluwch dŵr y môr rhag treiddio'r waliau. Fe awgrymodd ymgynghorwyr o Lundain gymysgedd o sment Parker (mortar calch a chlai, elwir hefyd yn sment Rhufeinig), lludw, haearn a thywod wedi bwlfereiddio. Cafodd yr holl strwythur ei rendro gyda'r gymysgedd hon oedd yn sychu'n galed, ond i ddim pwrpas; roedd glaw yn cael ei yrru a dŵr môr yn parhau i sipian drwy'r gwaith cerrig. Fe dreialwyd hefyd lechi, wedi eu gosod ar du allan y tŵr gyda batens, ond fe'u rhwygwyd i ffwrdd gan y gwyntoedd cryfion. Fe ddaeth yr ateb i'r broblem o le annhebyg iawn. Aeth hen saer, oedd yn digwydd gweithio ar ffenestri yn y tai, at Capten Evans a gwneud sylw am hen waith coed yr oedd wedi ei weld mewn tŷ cyfagos. Er eu bod yn dyddio'n ôl beth amser, nid oedd y coed hyn yn dangos unrhyw arwydd o bydredd. Disgrifiodd y saer sut roedd cymysgedd o olew peintio, plwm gwyn a thywod wedi cadw gwlybaniaeth draw. Gan ei fod mor awyddus i gael ateb i broblem y tamprwydd yn Ynys Lawd, fe roddodd Capten Evans ganiatâd i beintio'r tŵr gydag olew a phlwm gwyn, ac yna ei chwipio gyda thywod wedi ei gasglu o Draeth Porthdafarch ac wedi ei sychu a'i hidlo. Ar ôl dwy gôt, fe brofodd y ddarpariaeth hon i fod yn ddull effeithiol iawn o gadw'r tŵr rhag dŵr.

*Ar 2 Mawrth 1809, fe benodwyd Capten Evans yn asiant i oleudy Ynys Lawd ac yn Gasglwr Taliadau Golau yng Nghaergybi. Roedd yn derbyn cyflog blynyddol a hefyd swm o arian am ei ymwneud yn ystod sefydlu ac adeiladu goleudy Ynys Lawd. Yn dilyn ei benodiad fe ddaeth i ymwneud â nifer o brosiectau eraill Trinity House ar hyd arfordir Gogledd Cymru.*

Maintaining a comfortable living and working environment within the tower and dwellings proved difficult. Windborne sea spray combined with the driving rain, especially during the winter months, meant that the interiors were always damp. This proved to be most problematic within the tower, as the walls were almost always saturated with moisture. On occasions it was reported that water poured down the internal walls. Coal burning stoves had to be lit at all times, including within the lantern room and the watchroom. This required a reliable supply of coal and proved costly.

Various solutions were tried in order to stop the rain and sea spray from penetrating the walls. Advisors from London proposed a mixture of Parker's cement (lime mortars and clay, also known as Roman cement), ashes, pulverised iron and sand. The entire stonework was rendered with this hard-setting mixture, but to no avail; driven rain and sea spray continued to seep through the masonry. Slates, fixed to the outside of the tower with battens, were also installed on a trial basis, but were soon ripped off by the strong winds. The solution to the problem came from an unlikely source. An old carpenter, employed to repair some windows in the dwellings, approached Captain Evans and commented upon some old timberwork he had seen in a nearby house. Although dating back some time, these timbers showed no sign of decay. The carpenter described how a mixture of painting oil, white lead and sand had kept moisture at bay. Eager to remedy the problem of dampness at South Stack, Captain Evans gave permission to paint the tower with oil and white lead, onto which sand, collected from Porth Dafarch beach, kiln dried and sifted, was dashed. After two coats, this preparation proved to be an effective method of waterproofing the tower.

*On 2nd March 1809, Captain Evans was appointed Agent for South Stack Lighthouse and Collector of Light Dues at Holyhead. In addition to receiving an annual salary, he was paid a sum of money for his involvement during the initiation and building of the South Stack lighthouse. Following his appointment he was to become involved with several other Trinity House projects along the North Wales coast.*

Goleudy Ynys Lawd, 1815, William Daniell *(Casgliad yr awdur)*

South Stack Lighthouse, 1815, William Daniell *(Author's collection)*

## Bywyd a gwaith yn Ynys Lawd

Yn ôl cofnodion Bwrdd Trinity House, James Deans oedd prif geidwad cyntaf Ynys Lawd a'i gymhorthydd oedd Hugh Griffiths. Er nad oes gennym unrhyw wybodaeth am Deans, fe wyddom mai dyn lleol oedd Griffiths, wedi ei eni yng Nghaergybi yn 1775.

Roedd y ddau yn byw ar yr ynys gyda'u teulu-oedd, yn y ddwy annedd ar wahân. Yn anffodus, nid oedd Capten Evans a James Deans yn gallu cyd-dynnu ac o ganlyniad, fe ddioddefodd eu perthynas weithio a bu llawer o ddadlau rhyngddynt. Fe gafodd Deans ei riportio i'r Bwrdd gan ei fod yn esgeuluso nifer o'i ddyletswyddau allweddol, ac yn anfoesgar tuag at Capten Evans. Ym mis Gorffennaf 1810, llai na dwy flynedd wedi i'r golau gael ei sefydlu am y tro cyntaf, fe benderfynodd y Bwrdd ddiswyddo James Deans. Argymhellodd Capten Evans yn gryf i'r Bwrdd y dylid cyflogi cymhorthydd Deans, sef Hugh Griffiths, yn ei le.

Cymhorthydd newydd Griffiths oedd Thomas le Cheminant. Er bod popeth wedi bod yn iawn am sawl mis, roedd yn amlwg fod gan le Cheminant ei broblemau personol ei hun. Ym mis Chwefror 1812,

## Life & work at South Stack

According to the Trinity House Board Minutes, the first principal keeper at South Stack was James Deans, and his assistant was Hugh Griffiths. Although we have no information about Deans, we do know that Griffiths was a local man, born in Holyhead in 1775.

Both lived on the island with their families, each in one of the two separate dwellings. Unfortunately, Captain Evans and James Deans were unable to agree on several aspects relating to the operation of the lighthouse. As a result their working relationship suffered and they were to have many arguments. Deans was reported to the Board as he was neglecting many of his key duties, and acted with insolence and provocation towards Captain Evans. In July 1810, less than two years after the light was first established, the Board resolved that James Deans was to be dismissed from his post. Captain Evans strongly recommended to the Board that Deans should be replaced by his assistant, Hugh Griffiths.

Griffiths's new assistant keeper was Thomas le Cheminant. Although matters were to proceed without any incident for several months, it was obvious

ysgrifennodd Capten Evans at y Bwrdd unwaith yn rhagor i gwyno am gamymddwyn un o'i staff. Fe ganfuwyd le Cheminant yn feddw ar sawl achlysur, a hynny'n ei rwystro rhag gwneud ei ddyletswyddau. Roedd hefyd yn ymddwyn yn heriol tuag at Capten Evans. Unwaith yn rhagor fe weithredodd y Bwrdd ar unwaith gan ddiswyddo le Cheminant a gadael i Capten Evans a Hugh Griffiths, unwaith yn rhagor, chwilio am berson addas yn ei le. Penodwyd dyn lleol arall, John Jones (1775-1828) yn gymhorthydd yn Ebrill 1812.

Fe weithiodd Jones a Griffiths yn dda gyda'i gilydd ar Ynys Lawd. Roedd y ddau wedi priodi a gyda theuluoedd ifanc. Yn ystod y blynyddoedd cynnar hyn, nid oedd ysbaid i'r gofalwyr ac roeddent yn byw ac yn gweithio yn y goleudy. Er bod hwnnw'n weddol newydd a'r dechnoleg yno'n cael ei hystyried fel un fodern ar y pryd, roedd yr amodau byw yn galed. Yn wir, roedd yn ymdrech barhaus i gynnal lefel gweddol sylfaenol o gyfforddusrwydd. Tra'n byw yn y goleudy, fe gollodd Hugh Griffiths a'i wraig Jane ferch fechan, Sydney, oedd wedi ei geni ar 13 Ebrill 1816 ac a fu fyw am 24 awr yn unig.

Ar ôl gweithio heb broblemau ar Ynys Lawd am bron i ddeunaw mlynedd, fe fu farw John Jones yn ystod Chwefror 1828. Roedd yn 53 mlwydd oed. Ni wyddom achos ei farwolaeth. Gadawodd wraig, Ann, a saith o blant, gyda phump ohonynt yn ddibynnol arni. Ysgrifennodd Capten Evans at y Bwrdd i ddweud am farwolaeth sydyn ei gydweithiwr a dweud iddo roi gwasanaeth da. Argymhellodd hefyd fod y swydd yn cael ei llenwi gan Ann Jones, gweddw John, oedd yn gwybod sut i drin yr offer a gwneud y gwaith ar ôl treulio 15 mlynedd ar Ynys Lawd. Roedd yn beth anarferol i ferched weithio fel gofalwyr. Roedd Trinity House, yn gyffredinol yn ceisio osgoi'r sefyllfa lle byddai menyw yn gweithio fel gofalwr mewn gorsaf anghysbell gyda dynion yn gydweithwyr. Fodd bynnag, roedd pethau yn wahanol ar Ynys Lawd. Roedd y gofalwyr yno yn byw gyda'u teuluoedd ac roedd pont grog newydd yn golygu nad oedd unrhyw broblemau gyda mynd a dod i'r ynys.

Yn ystod canol yr 1840au, fe ddilynodd un o feibion Ann Jones hi yn ei swydd—sef John Jones, a elwid yn 'Jack'—oedd wedi ei eni yn y goleudy yn 1820.

that le Cheminant had his own personal problems.

In February 1812, Captain Evans was to write to the Board once again complaining about the misconduct of one of his staff. Le Cheminant was found to be in a state of inebriety on several occasions, to the extent that he was incapable of his duties. He also acted with provocation towards Captain Evans. Again the Board acted by immediately dismissing le Cheminant from his post, and it was up to Captain Evans and Hugh Griffiths to find a person suitable as his replacement. Another local man, John Jones (1775-1828), was appointed as assistant keeper in April 1812.

Jones and Griffiths worked well together at South Stack. Both were married, and had young families. During these early years, the keepers had no relief; they lived and worked at the lighthouse. Although the lighthouse was relatively new and its technology was considered modern at the time, living conditions were harsh. Indeed, it was a continuous struggle to maintain a basic level of comfort. Whilst living at the lighthouse, Hugh Griffith and his wife Jane were to lose an infant daughter, Sydney, who was born on 13th April 1816 and lived for only 24 hours.

Having worked without problems at South Stack for nearly eighteen years, John Jones was to pass away during February 1828. He was 53 years of age. We do not know of the cause of his death. He left a widow, Ann, and seven children, five of whom were dependent upon her. Captain Evans wrote to the Board announcing the sudden death of his colleague, and stating that he had provided good service. He also recommended that his post be filled by Ann Jones, John's widow, who having spent the previous fifteen years or so living at South Stack, knew how to operate the equipment and conduct the post. It was unusual for women to work as keepers: Trinity House generally tried to avoid the situation where a female keeper would be working in an isolated station with male colleagues. However, at South Stack matters were different. The keepers lived there together with their families, and a newly constructed suspension bridge meant that there were no access difficulties.

During the mid-1840s, Ann Jones was eventually succeeded in her post by one of her sons—also named John Jones, but usually known as 'Jack'—who had been born at the lighthouse in 1820.

## Gorchestion pellach peirianneg

Ym 1827, cynigiodd y Capten Hugh Evans y dylid adeiladu pont newydd i bontio'r dyfnjwn 100 troedfedd, ac felly'n cymryd lle'r bont raff-gywarch. Yr oedd wedi ei ysbrydoli'n amlwg gan Bont Grog Menai a gwblhawyd yn ystod y flwyddyn flaenorol—y bont grog gyntaf i gael ei hadeiladu ar raddfa fawr gan ddefnyddio haearn gyr. Mae gan haearn gyr gryfder tynnol da oedd yn galluogi pontydd crog i ymestyn dros bellteroedd eang. Gwelwyd y dechneg hon fel opsiwn delfrydol ar gyfer Ynys Lawd.

Bu'n rhaid ffrwydro a chlirio tunelli o graig o'r glanfeydd o boptu'r dyfnjwn, ble adeiladwyd dwy golofn wedi'u naddu o galchfaen Penmon. Erbyn Hydref 1827, roedd y ddau gebl o haearn gyr yn hongian ar draws y dyfnjwn, wedi'u hangori'n gadarn i'r graig bob ochr. Fodd bynnag, o achos y tywydd gaeafol oedd ar ddyfod, gohiriwyd y gwaith nes y gwanwyn canlynol. Roedd rhaid cymryd amryw o gamau i atal yr adrannau haearn gyr rhag rhydu. Roeddent wedi eu trochi mewn olew had llin cyn eu gosod ar y safle, ac yna rhoddwyd côt o blwm coch arnynt cyn gorffen â dwy gôt o baent du.

## Further feats of engineering

23

In 1827 Captain Hugh Evans proposed that a new bridge should be built to span the 100 foot chasm, thus replacing the hemp-rope bridge. He had obviously been inspired by the completion of the Menai Suspension Bridge during the previous year—the first suspension bridge to be built on large scale using wrought iron. Wrought iron has great tensile strength and gave suspension bridges the ability to span great distances. This technique was seen as the ideal option for South Stack.

Many tons of rock had to be blasted and cleared from the landing spaces on either side of the chasm, where two piers were built of dressed Penmon limestone. By October 1827, the two cables of wrought iron links were strung across the chasm, and anchored firmly into the rocks at either side. However, owing to the approaching winter weather, work was postponed until the following spring. Various measures had to be taken in order to prevent the wrought iron components from rusting. They had been dipped in linseed oil before assembly on site, and then given a coat of red lead followed by two coats of black paint.

---

Y Pont Grog i Ynys Lawd
—ysgrythiwyd gan J J Hinchcliffe ar ôl darlun W H Bartlett, cyhoeddwyd yn *Ports and Harbours*, gan Finden, 1842
*(Casgliad yr awdur)*

**The bridge to the South Stack Lighthouse**
—engraved by J J Hinchcliffe after a drawing by W H Bartlett, published in Finden's *Ports and Harbours*, 1842
*(Author's collection)*

Ym mis Ebrill 1828, roedd platfform coed y bont, a oedd yn 5 troedfedd o led, yn crogi o'r cadwyni gerfydd dolenni haearn gyr tenau. Yn ddiweddarach, gosodwyd delltwaith haearn i greu ochrau i blatfform y bont, ynghyd â chanllaw o bren bob ochr. Gosodwyd cadwyni o waelod y llwybr cerdded ac yn sownd yn wyneb y graig,

1 SUSPENSION BRIDGE AND SOUTH STACK LIGHTHOUSE, HOLYHEAD

a oedd yn help i sadio'r bont mewn tywydd gwyntog. Roedd y rhain yn efelychu'r dull a ddefnyddiwyd i gadw'r bont raff flaenorol rhag ysgwyd yn y gwynt.

Agorwyd y bont yn swyddogol ar 12 Awst 1828, i gyd-fynd â phen-blwydd y brenin ar y pryd, Siôr IV. Cafodd y Capten Evans swm o £50 gan Fwrdd Trinity House am y gwaith a'r trefniadau i adeiladu'r bont droed newydd hon. Gellir gweld ei enw hyd heddiw wedi'i gastio yn un o'r cyfrwyon haearn gyr ar dop piler y bont, yn weledol glir i holl ymwelwyr Ynys Lawd. Er bod hyn yn gwella'r mynediad ymhellach, yn ogystal â bod yn ddymunol yn esthetig, roedd y dechnoleg yn ddrud. Cyfanswm cost y prosiect oedd £1,046 8s 11c.

Roedd yn rhaid cynnal a chadw'r bont droed. Caed archwiliad gan ofaint lleol yn flynyddol. Yn ôl y cofnodion, mae'n ymddangos fod dyn o'r enw Mr Jones o Waterside Forge, Caergybi, wedi derbyn nifer o gytundebau cynnal a chadw a gwaith adnewyddu gan Trinity House yn ystod y 1850au. Yn ystod yr un cyfnod, llwyddodd contractwr adeiladu o Gaergybi, Owen Thomas, i ennill cytundebau i beintio'r bont. Roedd hi'n broses lafurus; yn gyntaf roedd rhaid i'w ddynion daro a chael gwared â'r rhwd oddi ar wyneb yr holl rannau haearn gyda morthwyl, cyn rhoi côt gyntaf o blwm coch, ac wedyn dwy gôt o baent du. Yn ôl y cofnodion, fe arferai gymryd saith wythnos i'r dynion gwblhau'r gwaith: tair wythnos i lanhau'r rhwd o'r rhannau haearn a phedair wythnos i beintio. Cyn-forwyr oedd y dynion a gyflogwyd i wneud y gwaith. Roedd ganddynt y sgiliau angenrheidiol i ddringo a gweithio mewn sefyllfaoedd peryglus ac anodd.

In April 1828 the timber bridge platform, 5 feet wide, was suspended from the chains by slim wrought iron links. An iron lattice work was later fixed and provided the sides to the platform of the bridge which was topped with a wooden hand rail. Chains were also attached to the underneath of the walkway from the cliff face and helped stabilise the bridge during windy weather. These emulated the means by which the previous rope bridge had been kept steady during strong winds.

The bridge was officially opened on 12th August 1828, to coincide with the birthday of the reigning monarch, George IV. Captain Evans was awarded £50 by the Trinity House Board in lieu of his work in implementing and organising the building of this new footbridge. His name can still be seen cast in one of the wrought iron saddles on top of the bridge pillar, clearly visible to all visitors to South Stack. Although further improving access, in addition to being aesthetically pleasing, the technology was expensive. The total cost of the project was £1,046 8s 11d.

Maintenance of the footbridge was imperative. Inspections from local blacksmiths were carried out annually. Records show that during the 1850s, a Mr Jones of Waterside Forge, Holyhead, undertook numerous repair and maintenance contracts for Trinity House. During the same period, contracts to paint the bridge were won by Owen Thomas, a building contractor from Holyhead. It was a laborious process; firstly his men would have to beat off the surface rust from all the iron components with hammers, and then apply a primer of red lead followed by two coats of black paint. According to records, it usually took the men seven weeks to complete the work: three weeks for cleaning the rust from the iron parts and four for the painting. The men employed to undertake the work were former sailors. They had the necessary skills to climb and work in dangerous and awkward situations.

## Golau symudol unigryw

Yn dilyn llwyddiant ei bont droed, ym mis Awst 1831, ysgrifennodd Capten Evans at y Bwrdd unwaith eto, gyda chynnig arloesol. Roedd wedi dyfeisio dull gosod golau isel symudol yn Ynys Lawd. Unwaith eto, roedd wedi cynnwys cynlluniau wedi'u gwneud â llaw o'r system arfaethedig. Yn anffodus, nid yw'r rhain wedi goroesi. Bwriad y golau ychwanegol hwn oedd goleuo ar yr adegau pan orchuddiwyd golau'r twr â niwl neu gymylau isel, gan ei wneud yn ddiwerth i gapteiniaid y cychod paced a hwyliai i'r Iwerddon. Heb amheuaeth, ei brofiadau personol ei hun fel morwr oedd wedi rhoi'r ysbrydoliaeth iddo am y cynllun hwn.

Yn ystod mis Tachwedd yr un flwyddyn, rhoddodd y Bwrdd ganiatâd i'w gynlluniau, a dechreuwyd ar y gwaith bron yn syth. Unwaith eto, ffrwydrwyd a chliriwyd tunelli o graig i greu llethr wedi'i cherfio i'r graig ar ochr ogleddol yr ynys. Gosodwyd pegiau haearn yn y graig er mwyn cynnal y gledren i'r golau. O fewn y system, roedd ystafell olau symudol, wedi'i gwneud o bren ac wedi'i phaentio'n wyn, oedd yn mesur 9'10" mewn hyd, wrth 6'10" o led a 6'6" o uchder. Roedd wedi ei mowntio ar ffrâm haearn ar olwynion, a'i gosod ar drac yn rhedeg i lawr y llethr. Byddai hyn yn caniatáu i'r golau gael ei ostwng gan raff gref, 3½" o drwch, o fewn deugain troedfedd i'r môr. Defnyddiwyd winsh

## A unique moveable light

In August 1831, following the success of his footbridge, Captain Evans once again wrote to the Board with an innovative proposal. He had devised the installation of a movable low light at South Stack. Again he included his own hand-drawn plans of the proposed system. Unfortunately, these have not survived. This additional illuminant was intended to provide a light for the times when the tower light was obscured by fog and low cloud, rendering it useless to the captains of the packet boats sailing to Ireland. Evans's own previous experiences as a mariner had undoubtedly provided the inspiration for these plans.

During November of that same year the Board granted permission for his system, and work started almost immediately. Again, many tons of rock were blasted and cleared to create an incline carved into the rock on the north side of the island. Iron pegs were secured into the rock in order to support the rails for the light. The system consisted of a movable light room, constructed of timber and painted white, which measured 9'10" in length, by 6'10" wide and 6'6" high. It was mounted on a wheeled iron frame, and set upon a track running down the incline. This would allow the light to be lowered by a strong rope, 3½" thick, to within forty feet of the

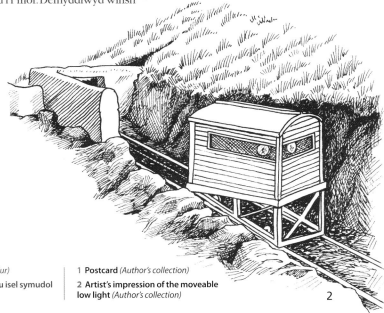

2

Cloddiwyd inclein y golau isel ar ochr ogleddol Ynys Lawd
*(Llun o'r awyr Trinity House)*

The incline for the low light was carved into the north side
of South Stack *(Trinity House aerial photograph)*

cranc haearn bwrw i'r pwrpas hwnnw. Gellid cymharu ei chynllun a'i saernïaeth â rheilffordd halio, a ddyfeisiwyd yn ystod y ddeunawfed ganrif fel dull o deithio i fyny llethrau serth.

Yn wreiddiol, roedd y lantern symudol hon yn cynnwys dwy lamp olew ac adlewyrchyddion, yn debyg i'r rhai a ddefnyddiwyd yn y tŵr, a oedd yn pendilio gan fecanwaith cloc bychan. Nid oeddynt yn cylchdroi'n gyfan gwbl, gan mai dim ond ffenestri yn wynebu'r môr oedd i'r ystafell olau. Erbyn mis Mawrth 1832, roedd y system yn weithredol. Cyfanswm cost y gwaith oedd £254 2s 8c.

Pan yn olau, roedd y lampau yn agosach i lefel y môr na golau'r tŵr, ac roedd hynny felly'n haneru'r pellter y gellid eu gweld. Ond doedd hynny ddim yn broblem, gan ei fod wedi ei gynllunio'n arbennig er lles capteiniaid pacedi'r Swyddfa Bost, a oedd yn hwylio o fewn milltir neu ddwy oddi wrth y goleudy. Yn wir, byddai sawl un o gapteiniaid y cychod paced, yn cynnwys Capten Stevens o 'H M Steam Packet *Wizard*' a Chapten Davis o'r *Harlequin* yn fawr eu canmoliaeth i'r system. Roeddent yn honni ei fod o gymorth mawr pan nad oedd posib gweld ymhell, ac yn ffactor bwysig wrth wella diogelwch. Unwaith eto, cymeradwywyd Capten Evans gan Frodyr Hyn Bwrdd y Trinity House am ei ddyfeisgarwch a'i ragwelediad. Credwyd bod y math hwn o system yn unigryw i oleudy Ynys Lawd; esiampl arall o ddatrysiad ymarferol i broblem anodd gan Gapten Evans.

Daeth yr holl gyflenwad mecanwaith ar gyfer y golau isel gan W Wilkins & Son, a oedd wedi'u lleoli yn Long Acre, Llundain: stryd a ddaeth yn ganolbwynt i gwmnïau peirianneg a chynhyrchu yn ystod y ddeunawfed a'r bedwaredd ganrif ar bymtheg. Ar y pryd, byddent yn cyflenwi Trinity House â gwahanol fathau o lanternau, mecanwaith cloc a fframwaith optegol.

Cyfrifoldeb y ceidwad cynorthwyol oedd gweithredu a goleuo'r lantern. Byddai'n rheoli'r system o dan gyfarwyddyd y prif geidwad pan fyddai'r prif olau yn cael ei gymylu gan niwl neu gwmwl isel. Cai'r mecanwaith ei effeithio gan dywydd garw o bryd i'w gilydd, fel ym 1842, pan ddifrodwyd y golau isel gan storm. Fodd bynnag, gyda gofal cyson, roedd y system yn ddibynadwy ac yn darparu cymorth mordwyo gwerthfawr i'r llongau paced a groesai Môn Iwerddon.

sea. A cast-iron crab winch was used for that purpose. Its design and construction could be compared to a funicular railway, which were devised during the eighteenth century as a means of travelling steep inclines.

This movable lantern initially contained two oil lamps and reflectors, similar to the ones used in the tower, which were oscillated by a small clockwork mechanism. They did not rotate completely as the light room only had windows on its seaward side. By March 1832 the system was fully operational. The total cost of the work amounted to £254 2s 8d.

When lit the lamps were closer to sea level than the tower light, thus halving the distance from which they were visible. This was not a problem as it had been designed specifically for the benefit of the captains of the Post Office packets, who sailed within a mile or so of the lighthouse. Indeed, several of the packet boat captains, including Captain Stevens of H M Steam Packet *Wizard* and Captain Davis of the *Harlequin*, were to give praise for the system. They claimed it was of great assistance when visibility was poor, and a major factor in improving safety. Once again Captain Evans was commended by the Trinity House Board of Elder Brethren for his ingenuity and foresightedness. It is believed that this type of system was unique to South Stack Lighthouse; another example of a practical solution Captain Evans applied to a difficult problem.

All the machinery for the low light had been supplied by W Wilkins & Son, who were located on Long Acre, London, a street which became a centre for engineering and manufacturing companies during the eighteenth and nineteenth centuries. At the time they were to supply Trinity House with many different designs and types of lanterns, clockwork mechanisms and optical framework.

The lantern's illumination and operation was the responsibility of the assistant keeper. He was to operate the system under the direction of the principal keeper when the main light was obscured by fog and low cloud. Foul weather would sometimes affect the machinery, as during 1842, when a storm was reported to have damaged the low light. However, with regular maintenance the system proved reliable and provided a valuable navigational aid for the packet vessels crossing St George's Channel.

## Y signal niwl cyntaf

Gorchmynnodd Capten Evans fod cloch niwl yn cael ei gosod ar Ynys Lawd am y tro cyntaf ym mis Ebrill 1812. Roedd hyn yn dilyn dryllio llong hwylio fach o'r Iwerddon ar greigiau rhyw filltir neu ddwy oddi wrth y goleudy. Er hynny, ni osodwyd cloch o'r fath yno tan 1854, ddeng mlynedd wedi marwolaeth Capten Evans.

Y prif gontractwyr ar gyfer y gwaith oedd Mears Bell Foundry, Llundain (a alwyd yn ddiweddarach yn Whitechapel Bell Foundry). Peirianwaith cloc oedd yn gyrru'r mecanwaith taro ar gyfer y gloch ddwy dunnell. Roedd y gloch hon ar y pryd ymhlith y pymtheg cloch haearn bwrw mwyaf yn y Deyrnas Unedig, a Big Ben oedd y fwyaf. Gosodwyd yr unig gloch niwl arall oedd o faint tebyg yng ngoleudy'r Bailey, Howth Head ger Dulyn, ym 1848. Roedd hon hefyd allan o haearn bwrw ac wedi ei gosod gan Mears Bell Foundry.

Un hanner o fecanwaith taro cloc twr a fyddai'r peirianwaith taro ar gyfer y gloch. Y mecanwaith taro yn unig oedd yn ofynnol, gan nad oedd angen mecanwaith i weithio'r cloc. Roedd y mwyafrif o'i rannau wedi ei wneud o haearn bwrw, tra oedd y beryn ac eitemau bychan eraill wedi eu gwneud o bres. Roedd y rhain eto wedi eu cyflenwi gan W Wilkins & Son. Roedd angen i'r pwysau ar gyfer y mecanwaith yma ddisgyn cryn bellter er mwyn gallu para cyfnod effeithiol cyn ei ail weindio. Doedd hyn ddim yn broblem mewn tyrau eglwys, ble roedd digon o uchder i gymryd cwymp y pwysau. Roedd hi'n sefyllfa wahanol yn Ynys Lawd.

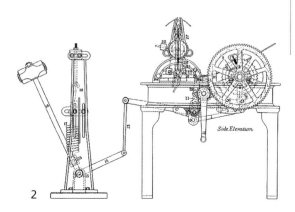

## The first fog signal

Captain Evans had first requested the installation of a fog bell at South Stack during April 1812. This followed the loss of a small sailing vessel from Ireland on the rocks a mile or so from the lighthouse. However, it was not until 1854, some ten years after the death of Captain Evans, that a fog bell was finally installed.

The main contractor for the work was the Mears Bell Foundry, London (which later became the Whitechapel Bell Foundry). The striking mechanism for the two-ton bell was driven by clockwork. At the time this bell was amongst the fifteen largest bells cast in the United Kingdom, the largest being Big Ben. The only other fog bell of comparable size had been installed at the Bailey Lighthouse, on Howth Head near Dublin, in 1848. It was also cast and installed by the Mears Bell Foundry.

The clockwork striking machinery for the bell would have been one half of a standard clock-tower striking mechanism. As there was no need for a mechanism to drive a clock, only the striking mechanism was required. Most of its parts were made of cast-iron, whilst bearings and other small items were made of brass. These were again supplied by W Wilkins & Son. The weights for these mechanism required a substantial fall in order to maintain an effective operating period before rewinding. This was not a problem within church towers, where there was enough height to accommodate the fall of

Roedd y gloch wedi'i lleoli ar graig galed, o flaen y twr ar bwynt gorllewinol eithaf yr ynys. Yr arferiad mewn ambell oleudy oedd gollwng y pwysau dros ymyl y graig. Fodd bynnag, yn Ynys Lawd defnyddiwyd dull arall i ddod dros y broblem. Tyllwyd siafft 30 troedfedd o ddyfnder yn y graig yn union o dan leoliad mecanwaith y cloc. Ar y pryd, roedd y mwyafrif o'r gweithwyr lleol yn cael eu cyflogi i adeiladu morglawdd Caergybi, ble caent gynnig cyflogaeth reolaidd a thâl teg. O ganlyniad, roedd rhaid dod â chloddwyr o rywle arall i wneud y gwaith hwn. Credir fod y llafurwyr crefftus angenrheidiol wedi dod o'r cloddfeydd copr ym Mynydd Parys, ger Amlwch.

Yn ffodus, mae'r cyfnod hwn yn hanes Ynys Lawd wedi ei gofnodi'n fanwl. Ym mis Hydref 2003, derbyniodd adran Amgueddfeydd a Diwylliant Cyngor Sir Ynys Môn e-bost oddi wrth ddeliwr mewn hen greiriau morwrol o Cape Cod, UDA. Roedd y deliwr yn cynnig gwerthu llyfr o lythyrau, oedd yn cynnwys dros 250 copi o lythyrau a anfonwyd gan Henry Bowen rhwng 1853 a 1859, yn ystod ei gyfnod fel prif geidwad yn Ynys Lawd. Roedd y deliwr wedi ei brynu mewn ocsiwn hen greiriau. O fewn dyddiau o sicrhau cyllid, fe ddaeth yr Awdurdod yn berchnogion newydd ar y darn unigryw hwn o hanes. Nid oes unrhyw wybodaeth ar hyn o bryd am sut y croesodd y llyfr Yr Iwerydd.

the weights. The situation was different at South Stack. The bell was located on solid rock, in front of the tower on the westernmost tip of the island. It was the practice at some lighthouses to run the weights over the side of a cliff. However, at South Stack another method was used to overcome the problem. A shaft, 30 feet deep, was bored into the rock immediately beneath the location of the clockwork mechanism. At that time, most of the local workforce were employed with the construction of the breakwater at Holyhead, where regular employment was on offer with fair wages. As a result, miners had to be brought in from elsewhere to do this job. It is believed that the necessary skilled labour could have come from the copper mines at Parys Mountain, near Amlwch.

Fortunately, this period in the history of South Stack is well documented. In October 2003, an e-mail was received by the Isle of Anglesey County Council's Museums & Culture department from a dealer in maritime antiques from Cape Cod, USA. The dealer was offering for sale a copy letter book, describing it as containing over 250 hand-written copies of letters that were sent by Henry Bowen between 1853 and 1859, during his time as principal keeper at South Stack. The dealer had purchased it at a local antiques auction. Within days of securing funding, the Authority were the new owners of this unique piece of history. There is currently no knowledge as to how it crossed the Atlantic.

---

1 Lleoliad siafft y cloch niwl *(Casgliadau Oriel Ynys Môn)*

2 Mecanwaith cloc i daro'r cloch niwl, tebyg a beth ddefnyddiwd yn Ynys Lawd

3 Llyfr llythyrau copi Henry Bowen *(Casgliadau Oriel Ynys Môn)*

1 **The location of the shaft for the fog bell** *(Oriel Ynys Môn Collections)*

2 **A clockwork striking mechanism similar to that used at South Stack**

3 **Henry Bowen's copy letter book** *(Oriel Ynys Môn Collections)*

## Henry Bowen, Prif Geidwad

Ganwyd Henry Bowen ym 1821 yng Nghroeswdig, ger Tyddewi, Sir Benfro. Fe'i bedyddiwyd yn Eglwys Tyddewi ar 15 Awst yr un flwyddyn. Roedd yn fab i Thomas ac Elizabeth Bowen. Gweithiai ei dad fel ceidwad goleudy i Trinity House ac roedd wedi ei leoli yng ngoleudy South Bishop am y rhan fwyaf o'i yrfa.

Er bod Henry Bowen wedi ei gofrestru fel saer yng nghyfrifiad 1841, ni fu'n hir cyn dilyn olion traed ei dad a chael ei gyflogi gan Trinity House yn Burton, eu 'depo' yn Neyland, ger Aberdaugleddau. Fel swydd gyntaf, cafodd ei anfon i oleudy'r Smalls, sy'n sefyll ar graig agored fechan oddeutu 21 milltir i'r gorllewin o Benmaen Dewi.

Priododd Bowen a'i wraig, Sarah Wilcock (a anwyd yn Nhyddewi ym 1822) yn Eglwys Nhyddewi ar 15 Medi 1845. Aethant i fyw i Hakin, Aberdaugleddau, yn agos i gartref rhieni Bowen. Gallai dreulio amser gyda'i deulu yn ystod cyfnodau o wyliau. Pan yn byw yn Hakin, cawsant dri o blant, Elizabeth, Joseph a Susanah.

Ym 1853, anfonwyd Bowen i Ynys Lawd i gymryd lle Hugh Griffith, oedd wedi ymddeol o'r gwasanaeth yn 78 oed. Dyma'r tro cyntaf iddo gymryd cyfrifoldeb prif geidwad. Roedd ffordd o fyw yn wahanol yn ei swydd newydd. Yn Ynys Lawd, cai ef a'i deulu fyw gyda'i gilydd yn un o'r ddau gartref gwahanol. Roedd Bowen a'i deulu'n ddwyieithog, ac felly'n ymdoddi'n dda o fewn cymuned yr ardal oedd yn siaradwyr Cymraeg gan fwyaf, yn cynnwys y rhai oedd yn ymwneud â rhedeg y goleudy. Yn ystod y ddeng mlynedd nesaf, cafodd y cwpl bedwar plentyn arall ar Ynys Lawd— Esther, David, Thomas a Margaret.

Mae'r mwyafrif o'r llythyrau yn y llyfr copi wedi eu cyfeirio at B H Bailey, ei Uwch-arolygydd, oedd wedi'i leoli yn 'depo' Trinity House yn Neyland. Dyrchafwyd Bailey yn Uwch-arolygydd yn dilyn marwolaeth Capten Hugh Evans yn Hydref 1844, ac fe'i rhoddwyd yng ngofal Ynys Lawd a goleuadau Ynysoedd y Moelrhoniaid. (Yn ystod y flwyddyn hon, 1844, symudodd mab Capten Evans, Hugh Evans, i Aberdaugleddau ac fe'i penodwyd yn Feistr Sefydliad y Badau Hwylio ar gyfer Trinity House.)

Yn ôl natur drefnus a disgybledig Trinity House ar y pryd, roedd yn rhaid i'r Bwrdd roi eu caniatâd i

## Principal Keeper Henry Bowen

Henry Bowen was born in 1821 at Croeswdig, a short distance from St David's, Pembrokeshire. He was baptised at St David's Cathedral on 15th August of the same year. His parents were Thomas and Elizabeth Bowen. His father worked as lighthouse keeper for Trinity House and for most of his career was stationed at South Bishop lighthouse.

Although the young Henry Bowen's trade was listed as 'joiner' on the 1841 census, it was not long before he followed in his father's footsteps and became employed by Trinity House at their Burton Depot in Neyland, near Milford Haven. His first posting was to the Smalls lighthouse, which stands on a small exposed rock approximately 21 miles west of St David's Head.

Bowen was to marry his wife, Sarah Wilcock (born in St David's in 1822), at St David's Cathedral on 15th September 1845. They resided at a property in Hakin, Milford Haven, near to where Bowen's parents lived. He was able to spend time with his family during his periods of leave. Whilst living at Hakin, they were to have three children, Elizabeth, Joseph and Susanah.

In 1853 Bowen was posted to South Stack as a direct replacement to Hugh Griffith, who had recently retired from the service at the age of 78. It was the first time he had taken the role of principal keeper. Living arrangements were different at his new posting. At South Stack he and his family lived together in one of the two separate dwellings. Bowen and his family were bilingual, therefore fitting in well within the mainly Welsh speaking community of the district, including those who were involved with the running of the lighthouse. During the next ten years the couple were to have a further four children at South Stack—Esther, David, Thomas and Margaret.

Most of the book's letters are addressed to B H Bailey, his Superintendent, based at the Trinity House depot at Neyland. Bailey had been promoted Superintendent following the death of Captain Hugh Evans in October 1844, and was placed in charge of both the South Stack and Skerries lights. (In this year, 1844, the son of Captain Evans, Hugh Evans, moved to Milford and was appointed Master

O *Welsh Pictures Drawn with Pen and Pencil*
Religious Tract Society, Llundain, tua 1890

From *Welsh Pictures Drawn with Pen and Pencil*
Religious Tract Society, London, c1890

unrhyw orchymyn gan Henry Bowen ynglŷn â chymryd gwaith ychwanegol yn y goleudy. Nid oedd hawl gan Bowen i ysgrifennu'n uniongyrchol at y Bwrdd, roedd rhaid gwneud hynny drwy'r Uwch-arolygydd.

Yn ei lythyrau, nododd Bowen fod y gweithwyr wrthi'n brysur rownd y cloc gan eu bod ar ei hôl hi wrth osod y gloch. Gwnaed defnydd cyson o ffrwydron yn ystod tyllu'r siafft. Roedd chwythu ffrwydron o fewn siafft syth, wyth troedfedd o led, yn beryglus ac anodd. Wrth i'r ffrwydro parhau, nodwyd ar y pryd fod llechi yn cael eu rhwygo oddi ar doeau, ac roedd nifer o ffenestri'r tai ger llaw wedi eu torri'n deilchion.

Yn anffodus, ar ôl cwblhau'r gwaith i gyd, a gosod y mecanwaith cloc newydd, profwyd fod y gloch niwl yn annibynadwy. Cafwyd problemau difrifol o'r dechrau. Roedd dŵr y môr yn tasgu ac yn amharu ar y mecanwaith, ac roedd tueddiad i'r cydrannau haearn gyrydu heb gael eu hiro'n rheolaidd. Ysgrifennodd Bowen at y Bwrdd ar sawl achlysur yn gofyn am godi cwt i ddarparu cysgod rhag yr elfennau. Byddai hyn hefyd, yn ei dyb ef, yn atal ymwelwyr rhag ymyrryd yn y peirianwaith. Cafwyd

of the Yachts Establishment for Trinity House.)

In accordance with the disciplined and organised nature of Trinity House at the time, the lighthouse Board had to give their permission to any request that Henry Bowen had in respect of undertaking additional work at the lighthouse. Bowen was not allowed to write to the Board directly, but had to do so via his Superintendent.

In his letters, Bowen reported that because the installation of the bell was running behind schedule, work was taking place around the clock. Explosives were used extensively during the excavation of the shaft. Blasting within a vertical shaft, some eight feet in width, would have been both dangerous and difficult. As the blasting continued it was reported at the time that slates were torn from the roofs and many of the windows of the nearby dwellings were smashed.

caniatâd gan y Bwrdd, ac adeiladwyd sied, 7 troedfedd o hyd, 4 troedfedd 6 modfedd o led a 7 troedfedd o uchder o amgylch mecanwaith y gloch. Byddai'r gysgodfa hefyd yn help rhag i'r gloch ben i lawr lenwi â dŵr glaw.

Gan ei fod wedi ei dyllu'n syth i graig gadarn, tueddai'r siafft hefyd lenwi â dŵr glaw. Byddai hyn yn atal y pwysau rhag disgyn. Ar ben hyn i gyd, bu adegau pan fu i'r gwyntoedd cryfion, nad oedd yn anghyffredin mewn lleoliad mor agored, atal y gloch rhag canu. Roedd pwysau'r gwyntoedd cyffredin de orllewinol yn aml yn gryfach na'r mecanwaith weindio oedd yn rhoi pŵer i dafod y gloch. Bu'n rhaid i Bowen gyfaddawdu drwy gyflogi dynion a allai daro'r gloch gyda morthwyl â bôn braich yn ystod cyfnodau o dywydd garw. Ni allai dynion o'r fath wneud y gwaith hwnnw am amser hir, ac ni fyddai sawl un yn dod yn ôl i'r gwaith y diwrnod canlynol. Ysgrifennodd Bowen at yr Uwch-arolygydd ar 4 Gorffennaf 1854, yn cwyno ei bod yn amhosibl i'r ceidwaid gynnal a gweithio'r gloch o ganlyniad i'w mecanwaith diffygiol, ac yn anoddach fyth i gael rhywun i'w tharo gyda bôn braich. Yn ei lythyr, mae'n egluro:

*'… Mae'n fater anodd cael dynion at y gloch gan fod y gwaith mor anodd â'r lle heb unrhyw gysgod rhag y gwyntoedd cryfion a'r gwlypter, fel nad ydi'r un dyn yn hoff o ddod yn ôl yr eilwaith. Mae nhw'n dweud fod un dyn ifanc wedi dal annwyd wrth y gloch. Mae o'n wael y misoedd yma, ac mae'n debygol iawn na fyddwn yn gallu cael dyn i ddod o gwbl cyn bo hir.'*

Y bwriad oedd bod y mecanwaith taro i weithio am ddwy awr ar un weindiad. Fodd bynnag, ar ôl goresgyn y problemau a grybwyllwyd ynghynt, fe ddeuai'r system i stop ar ôl llai na hanner awr, a oedd yn siom arall i'r ceidwaid. Fe gymerai oddeutu deng munud iddynt weindio pwysau hanner tunnell y mecanwaith. Mewn ymdrech i gynyddu amser gweithio'r mecanwaith, galwyd y gweithwyr o Mears Bell Foundry yn ôl i Ynys Lawd. Penderfynwyd newid y baril weindio; roedd diamedr y darn newydd 9 modfedd yn fwy na'r 6 modfedd wreiddiol. Fe weithiodd y gwelliant hwn, ac o'r diwedd, roedd posib canu'r gloch gyda'r mecanwaith ar y raddfa a fwriadwyd.

Unfortunately, after all the work was completed, and the new clockwork mechanism was installed, the fog bell proved unreliable. Severe problems were experienced from the start. Sea spray was affecting the machinery, as without adequate and regular greasing, the iron components were prone to corrosion. Bowen was to write to the Board on several occasions requesting the erection of a hut to provide cover from the elements. This would also, as he claimed, stop visitors to the island from interfering with the machinery. Permission was granted by the Board, and a shed, 7 feet long, 4 feet 6 inches in width and 7 feet high, was constructed around the mechanism and the bell. The shelter also helped the inverted bell from filling with rain water.

Having been bored vertically into solid rock, the shaft was also prone to filling with rainwater. This would disable the fall of the weights. In addition, strong winds—not uncommon in such an exposed location—were known to stop the bell from tolling. The pressures of the prevailing south-westerly winds were often stronger than the winding mechanism that powered the clapper. Bowen had to compromise by employing men who would have to strike the bell manually with a hammer during periods of poor weather. Such men were unable to carry out this work for long, and many did not return to work a second day. Bowen wrote to his Superintendent on 4th July 1854 complaining that it was impossible for the keepers to maintain the operation of the bell due to its faulty mechanisms, and even harder to get someone in to strike the bell manually. In his letter he explains:

*'… It is a hard matter for to get men to come to the bell as the work so hard and the place so unsheltered from the wild winds and the wet that the same man don't like to come the second time to it. They do say that one young man has caught cold by the bell. He is unwell these months so that it is very likely in a little time we shall not be able for to get a man to come at all.'*

It was proposed that the striking mechanism was to operate for two hours on a single winding. However, when all the previously mentioned problems were overcome, it was found to stop running after less than thirty minutes, which was another

Cafodd Bowen, ei gydweithiwr a'u teuluoedd helbul gyda'r cyflenwad dŵr hefyd. Fe nododd sawl tro fod y bibell ddŵr yn llenwi gyda llaid, gan eu gadael yn brin o ddŵr, oedd yn gwneud bywyd yn hynod o anodd yn ystod misoedd sych yr haf. Yn ystod mis Awst 1856, roedd rhaid agor a chlirio tua 30 llath o'r beipen, y tro cyntaf iddi gael unrhyw fath o sylw ers ei hadeiladu hanner can mlynedd ynghynt.

Yn ystod mis Gorffennaf 1857, roedd rhaid i Bowen yrru adroddiad i'r Uwch-arolygydd o'r gwaith oedd yn cael ei wneud ar y cartref newydd i'r ceidwaid. Mr Rigby oedd prif gontractwr y Llywodraeth; roedd hefyd yn cael ei gyflogi ar waith adeiladu Morglawdd Caergybi. Roedd ganddo bedwar dyn ar ddeg yn gweithio ar yr ynys, a glaniodd tua hanner can tunnell o ddeunydd adeiladu mewn cwch o Gaergybi. Adeiladwyd y cartref newydd yn nes i'r tŵr, y drws nesaf i'r hen adeilad, tra oedd y cartref bychan oedd ar flaen yr ynys bellach yn ddiwerth. Unwaith i'r gwaith gael ei gwblhau, roedd cartrefi gwahanol y ceidwaid, yn ogystal â'r storfeydd, i gyd o dan yr un to. Adeiladwyd llwybr dan do i gysylltu'r tŵr â'r cartref yn ogystal. Cwblhawyd y gwaith i gyd yn ystod mis Awst 1858, ac fe gostiodd y cwbl £1,509. Yna fe chwaliwyd y tŷ gwreiddiol.

Fodd bynnag, cyn iddynt symud i'w cartref newydd, ysgrifennodd Bowen at ei Uwch-arolygydd gyda rhestr o broblemau. Ei bryder mwyaf oedd y simnai, a oedd yn mygu'n ddrwg. Roedd y broblem mor wael fel na ellid mynd i mewn i'r ystafell pan oedd y tân ynghyn. Roedd hyn yn gwneud bywyd yn arbennig o anodd, gan mai'r tân agored oedd yr unig beth a roddai iddynt amgylchiadau byw cyfforddus. Rhoddwyd ymgais ar wella'r broblem drwy ddefnyddio sawl math gwahanol o botiau simnai. Roedd hi'n fis Hydref y flwyddyn honno cyn i Mr Suitor, o Trinity

disappointment for the keepers. It took around ten minutes for them to wind up the half ton weights of the mechanism. In an attempt to increase the operating time of the mechanism, workmen from the Mears Bell Foundry were summoned back to South Stack. They decided to change the winding barrel; the new item had an increased diameter of nine inches, as opposed to the six inches of the original. This remedy worked, and finally the bell could be tolled by the machinery at its proposed rate.

The water supply also proved troublesome for Bowen, his colleague and their families. He reported on several instances that the water pipe would clog up with silt, leaving them with a shortage of water, making life especially difficult during the dry summer months. During August 1856 approximately thirty yards of pipe had to be opened and cleared, the first time it had required attention since the lighthouse was built nearly fifty years previously.

During July 1857, Bowen was to provide his Superintendent with an ongoing account of the work that was carried out on the keepers' new dwelling. Mr Rigby, who was also employed on the construction of the Holyhead Breakwater, was the main contractor. He had fourteen men at work on the island, and in total approximately fifty tons of building materials were landed by boat from Holyhead. Once the work was completed, the keepers' separate dwellings, together with stores, were all located under one roof. Incidentally, a covered walkway was also constructed which connected the tower to the dwelling. Completed during August 1858, the cost of the work amounted to £1,509. The original dwelling was subsequently demolished, whilst the small dwelling at the front of the island was made redundant.

However, before they were ready to move into their new home, Bowen was to write to his superintendent, with a list of problems. His greatest con-

Y tu mewn i'r tŵr *(Casgliad Teulu John Samuel Jones)*

The interior of the tower *(John Samuel Jones Family Collection)*

House, ymweld â'r safle. Fe ddaeth ef hefyd ar draws sawl nam, ac roedd yn cytuno gyda Bowen.

Yn wir, roedd rhaid cynnau tân yn y goleudy trwy'r flwyddyn bron. Roedd yna stofiau glo yn y tŵr hefyd, gan gynnwys yr ystafell wasanaeth. Roedd y gwres a grëwyd o'r tannau hyn yn helpu i gadw'r olew ar gyfer y lampau i lifo'n rhwydd trwy'r pibellau, gan fod tueddiad i'r olew fynd yn drwchus mewn tywydd oer, gan amharu ar ddisgleirdeb y golau. Darparwyd glo gan gyflenwyr lleol, ac fe ddaethpwyd ag o i'r ynys ar gwch o Gaergybi. Defnyddiwyd y winsh i dynnu'r sachau glo i'r ynys, ac fe'u cariwyd wedyn i fyny'r llwybr i'r storfa lo, drws nesaf i'r cartref.

Roedd cynnal ffynhonnell reolaidd a dibynadwy o lo yn broblem i'r ceidwaid. O'r holl gyflenwyr glo yng Nghaergybi, dim ond ychydig oedd yn barod i anfon y cyflenwad a ofynnwyd ar gwch i Ynys Lawd. Roedd cyflenwyr yn gyndyn o bwyso'r glo wrth iddo gyrraedd Ynys Lawd, ac roedd Bowen yn amheus o'u bwriad. Fe gredai o ei fod yn derbyn llai na'r hyn yr oedd yn talu amdano.

cern were the chimneys, which were smoking badly. The problem was so bad that it was impossible to enter rooms when fires were lit. This made life especially difficult, as open fires were the only means by which to maintain comfortable living conditions. Various types of chimney pot were used in an attempt to cure the problem. It was not until October of that year that a Mr Suitor, from Trinity House, finally visited the site. He too found many faults, and agreed with Bowen.

Indeed, fires had to be lit in the lighthouse almost throughout the year. There were also coal stoves in the tower, including the service room. The heat generated from these fires helped to keep the oil for the lamps flowing through the pipes, as in cold weather the oil had a tendency to thicken, affecting the brightness of the light. Coal was provided by local suppliers, and was brought to the island by boat from Holyhead. The winch was used for hauling the sacks of coal onto the island, which were then carried up the path to the coal store, next to the dwelling.

1 Glanfa Ynys Lawd a'r craen, 1815, William Daniell *(Llyfrau Magma)*

2 Storfa glo a thŷ golchi a adeiladwyd tua 1860 *(Casgliadau Oriel Ynys Môn)*

1 South Stack's boat landing and winch, 1815, William Daniell *(Llyfrau Magma)*

2 Coal store and wash house, built around 1860 *(Oriel Ynys Môn Collections)*

1

2

O'r diwedd, daeth o hyd i fasnachwr glo y gallai ddibynnu arno—Mr William Jones—a bwysai bob un sach o lo fel y cyrhaeddai Ynys Lawd. Yn anffodus i'r ceidwaid a'u teuluoedd, ymfudodd Jones i America ym 1858, ac roedd rhaid i Bowen wynebu'r broblem o gael cyflenwad dibynadwy o lo unwaith eto.

Fe ysgrifennodd hefyd i ofyn am gael adeiladu wal ar ochr ogleddol y cartref, gan nad oedd dim yn rhwystro'r plant rhag chwarae yn agos i ymyl y graig. Roedd gan Bowen a'i wraig saith o blant yn byw gyda nhw ar y pryd, ac roedd gan Jack Jones, ei gynorthwywr, dri. Unwaith eto, roedd ei gais yn llwyddiannus, ac fe adeiladwyd y wal.

Rhwng cyfnodau gwaith, ac yn ystod cyfnodau o osteg a thywydd clir, roedd digon o bethau yn dal i gadw'r ceidwaid yn brysur. Datgelwyd yn llythyrau Bowen i'r Uwch-arolygydd fod plant lleol yn achosi pryder. Trwy gydol y 1850au, ymgasglai llu o blant Caergybi ar y grisiau, yn enwedig yn ystod gwyliau ysgol. Roedd y mwyafrif yn ymddwyn yn barchus, ond roedd criw bychan yn achosi problemau. Un gêm boblogaidd ganddynt oedd taflu cerrig o'r grisiau i lawr ar y bont. Fe aeth pethau o ddrwg i waeth, fel i Bowen ysgrifennu y byddai 'rhywun yn debygol o gael niwed neu yn wir ei ladd' os byddai'r fath ymddygiad yn parhau heb ymyrraeth. Yn ogystal, arferai plant ganu'r gloch wrth fynediad y

Maintaining a regular and reliable source of coal was a problem for the keepers. Of the many suppliers of coal based in Holyhead, only a few were prepared to send the amount requested on a boat to South Stack. Suppliers were reluctant to weigh the coal on arrival at South Stack, and he was suspicious of their intent. He believed they were delivering less than he was paying for. Eventually, he found a trustworthy coal merchant—Mr William Jones—who weighed every sack of coal as it was unloaded on the Stack. Unfortunately for the keepers and their families, Jones was to emigrate to America in 1858, and Bowen once again had to face the problems of obtaining a reliable supply of coal.

He also wrote to request that a wall be built on the north side of the dwelling as there was nothing to stop the children from playing close to the edge of the cliff. At the time Bowen and his wife had seven children living with them, whilst Jack Jones and his wife had three children. Again his request was successful, and a wall was built.

Between shifts, and during periods of calm and clear weather, there were still various incidents to keep the keepers busy. Bowen's letters to his Superintendent reveal that local children were a cause for concern. Throughout the 1850s, the children of Holyhead used to gather in large numbers on the steps, especially during the school holidays.

goleudy trwy'r amser, a siglo ar y drws. Ysgrifennodd Bowen ym mis Awst 1854, 'Y mwyaf y mae rhywun yn dweud wrthynt am beidio—y gwaethaf mae nhw'n mynd'. Mewn ymdrech i reoli eu hymddygiad afreolus, gofynnodd Bowen am gael plismon o Gaergybi yn bresennol yno. Credai y byddai'n 'stopio rhai o'r rapsgaliwns rhag dod yma ar ddiwrnodau o'r fath.' Yn ychwanegol i hyn, gofynnodd Bowen i'r 'bloeddiwr cyhoeddus i weiddi yng Nghaergybi na ddylai pobl ifanc ddod i'r safle yn ystod unrhyw wyliau'.

Arhosodd Bowen yn Ynys Lawd tan fis Gorffennaf 1864. Roedd Trinity House wedi ystyried ei symud i swydd newydd y flwyddyn flaenorol. Yn ystod ei 10 mlynedd yn Ynys Lawd, fe ddaeth yn hoff iawn o'r ardal oedd yn amgylchynu'r goleudy ynghyd â thref Caergybi a'i thrigolion. Bu'n weithgar gyda'r Capel Wesleaid yn Llain-goch, gan gydweithio â nifer o'r bobl leol. Cyn iddo ymadael, ym mis Awst 1863, derbyniodd Trinity House ddeiseb wedi'i harwyddo gan nifer o'r trigolion lleol hyn yn tystio i gymeriad da Bowen, ac yn gofyn iddynt ailystyried ei symud. Fodd bynnag, roedd y Bwrdd yn ddiysgog, ac fe barhawyd gyda'r trefniant i symud Bowen.

Adleolwyd Bowen wedi hynny i le a elwid ar y pryd yn Oleudy Menai ym Mhenmon. Newidiwyd ei enw yn y 1950au, a daeth yn adnabyddus fel Trwyn Du. Roedd yn cael byw efo'i deulu eto, y tro hwn yn un o ddau o fythynnod y ceidwaid ar y pentir, yn edrych draw ar y goleudy ac Ynys Seiriol. Fe fu'n byw a gweithio yno nes iddo farw ym 1878. Yn 57 oed, fe ddisgynnodd gyda phoenau sydyn yn ei fol. Mae ei fedd ym mynwent eglwys Sant Seiriol, Penmon.

Yn dilyn marwolaeth Bowen, symudodd ei weddw, Sarah, i Gricieth i fyw ger ei mab, Joseph. Roedd o'n gweithio yno fel fferyllydd a gwerthwr papurau, ac roedd yntau hefyd yn ŵr gweddw erbyn hynny. Fe fu hithau farw ym 1906, yn 84 oed, ac fe'i claddwyd yn yr un bedd â'i gŵr ym Mhenmon.

Most were well behaved, but a small minority created problems. A popular sport amongst the youngsters was to throw stones down from the steps and onto the bridge. Matters were to worsen, to the extent that Bowen wrote that if this behaviour were to continue without intervention, 'somebody is likely to be injured or indeed killed'. Furthermore, children used to continuously toll the bell at the entrance to the lighthouse, and swing on the door. Bowen wrote in August 1854 'the more they are told to desist the worst they get'. In an attempt to control their unruly behaviour, Bowen was to ask for the presence of a policeman from Holyhead. He believed that 'it would stop some of the rabble to come out here on such days'. In addition, Bowen also requested that the 'public cryer to cry at Holyhead that no youngsters to come on the premises on any holiday'.

Bowen remained at South Stack until July 1864. Trinity House had first considered moving him to his next posting the previous year. During his ten years at South Stack he had developed a fondness for both the area surrounding the lighthouse and for the town of Holyhead and its inhabitants. During his time there he had been involved with the Wesleyan Chapel in Llaingoch, and had worked with many local people. Prior to his departure, in August 1863, the Trinity House Board received a petition signed by many of these local inhabitants, testifying to the good character of Bowen, and requesting that they reconsider their proposals. However, the Board was adamant, and they continued with his transfer.

Bowen was subsequently posted to what was known at the time as Menai Lighthouse, Penmon. Its name was changed during the 1950s, when it became known as Trwyn Du. Again he was able to live with his family, this time in one of the two keepers cottages located on the headland, overlooking the lighthouse and Puffin Island. He lived and worked there until his death in 1878. Aged 57, he had collapsed with sudden abdominal pains. His grave lies in the cemetery of St Seiriol's church, Penmon.

Following Bowen's death, his widowed wife Sarah, moved to Criccieth to live near Joseph, their son. He worked there as a chemist and stationer, and by this time was also a widower. She was to pass away in 1906, aged 84, and was buried at Penmon in the same grave as her husband.

## Damwain y Storm Fawr

**Ar noson 25 Hydref 1859, fe drawyd Prydain gan gorwynt ffyrnig. Collwyd nifer o longau ar y môr yn ystod y storm. Y mwyaf adnabyddus o'r rhain oedd y Royal Charter, a gollwyd oddi ar arfordir gogledd dwyreiniol Ynys Môn, pan gollodd 450 o bobl eu bywydau.**

Roedd y ceidwad cynorthwyol, John "Jack" Jones yn dychwelyd i oleudy Ynys Lawd ar y noson dyngedfennol hon. Roedd wedi bod yn gofalu am fuwch y teulu ym Mhlas Nico, ac yn paratoi am y storm oedd i ddod. Wrth ymdrechu i gau'r giât ger y bont yn y gwynt garw, disgynnodd carreg oddi ar wyneb y graig a'i daro ar ei ben. Roedd Bowen wedi tybio fod Jones wedi aros noson ym Mhlas Nico, gan fethu â dod yn ôl at ei waith oherwydd y storm dymhestlog. Fodd bynnag, fe ddaeth o hyd iddo'r bore canlynol, yn hanner eistedd, hanner gorwedd yn erbyn porth y bont ar yr ynys. Roedd wedi llwyddo i lusgo ei hun ar draws y bont, ac roedd mewn cyflwr truenus, a'i wallt wedi'i orchuddio â gwaed. Roedd yn griddfan mewn poen, ac yn ceisio codi ei fraich i alw am help. Daethpwyd o hyd i'w gap ger mynedfa'r bont ar waelod y grisiau, a dafnau o waed ar y llawr. Roedd ychydig o gerrig wedi eu gwasgaru gerllaw. Roedd hi'n dal i fwrw a'r gwynt yn ffyrnig. Tasgai dŵr y môr oddi ar y creigiau ar y man ble gorweddai. Galwyd am gymorth yn syth, a brysiodd Doctor Jones o Gaergybi yno. Daeth yn amlwg fod Jack Jones wedi torri asgwrn ei benglog, a'i fod mewn cyflwr difrifol.

Bu farw o'i anafiadau dair wythnos yn ddiweddarach, ar 16 Tachwedd. Yn ôl yr ymchwiliad i'w farwolaeth roedd wedi ei ladd yn ddamweiniol gan gerrig rhydd oedd wedi disgyn oddi ar y graig uwchben y bont. Cawsant eu symud gan y glaw a'r gwyntoedd cryfion. Yn syth wedi'r ymchwiliad, awgrymwyd yn gryf y dylid clirio unrhyw gerrig rhydd a gweddillion o'r ardal uwchben y grisiau, fel na fyddai damwain o'r fath yn digwydd eto.

Mae bedd Jones ym mynwent Capel Bethel, Caergybi. Yn dilyn ei farwolaeth, dychwelodd ei weddw, Margaret, a oedd yn feichiog gyda'i blentyn pan fu farw Jones, yn ôl i Blas Nico gyda'i phump o blant. Derbyniodd bensiwn blynyddol o £5 gan Trinity House tra'n byw yno. Bu farw yn 70 oed ym 1893.

Daeth gŵr o'r enw Alfred Bromley, a anwyd yn Great Yarmouth ym 1834, i gymryd lle Jack Jones.

## A casualty of the Great Storm

**On the night of 25th October 1859, a fierce hurricane struck Britain. During the storm many vessels were lost at sea. The best known was the *Royal Charter*, which was lost off the northwest coast of Anglesey with the loss of over 450 lives.**

Assistant keeper John 'Jack' Jones was returning to South Stack lighthouse on this fateful evening. He had been tending to the family cow at Plas Nico, in preparation for the incoming storm. Whilst struggling to close the gate near the bridge in the strong wind, a rock was dislodged from the cliff face and struck him on the head. Bowen had assumed that Jones had spent the night at Plas Nico, unable to return to his duties because of the raging storm. However, he was found the following morning, half sitting, half lying against the portal of the bridge on the island. He had managed to drag himself across the bridge, and was in a desperate state; his hair matted with blood. He was groaning with pain, and trying to lift his arm and call for help. His cap was found near the entrance to the bridge at the bottom of the steps, with spots of blood on the ground. Nearby, there were a few loose scattered stones. It was still raining, and the winds were fierce. Spray from the mountainous sea was blowing onto the spot where he lay. Help was immediately summoned, and a Doctor Jones from Holyhead was rushed to the scene. Jack Jones was found to have suffered a compound fracture of the skull, and was in a serious state.

He died from his injuries three weeks later, on 16th November. The inquest into his death established that he had been accidentally killed by loose rocks falling from the cliff face above the bridge. They had been dislodged by the severe wind and rain. Immediately following the inquest it was strongly recommended that the area above the steps be cleared of any loose material and debris, so that the same accident would not reoccur.

Jack Jones's grave lies in the cemetery of Bethel Chapel, Holyhead. Following the accident, his widow, Margaret, who was pregnant with his child at the time of his death, was returned to Plas Nico with their five children, where she received an annual pension from Trinity House of £5. She passed away at the age of 70 in 1893.

Jack Jones was replaced by Alfred Bromley, who had been born in Great Yarmouth in 1834.

## Ymweliad y Frenhines Victoria

**Ar 30 Awst 1861, ymwelodd y Frenhines Victoria ac Ynys Lawd.** 'Roedd yn dychwelyd o daith i'r Iwerddon. Fe gyrhaeddodd hi'r goleudy gyda'i chymdeithion, gan gynnwys y Tywysogesau Helena ac Alice.

## Queen Victoria's visit

**On 30th August 1861, Queen Victoria visited South Stack.** She was returning from a visit to Ireland. She arrived at the lighthouse with her entourage, including Princesses Helena and Alice.

"HER MAJESTY alighted at the part of the road where the carriage road ceases, and walked down the steep staircase to the lighthouse, crossing the chain bridge connecting the rock with the mountain, and presenting herself to the astonished keeper as an ordinary stranger. The poor man, however, remembered her Majesty's former visit eight years ago when at Holyhead, and, calling his "gudewife" to his aid, chairs and a mat were hastily brought out for the Queen, who sat down on the greensward and enjoyed the magnificent ocean view, while the Princesses ascended to the summit of the tower and derived from the keeper an explanation of the machinery connected with the lighting apparatus. The old man also explained the use of the great bell, which is rung in foggy weather to keep ships out of danger, and for better realisation of its uses the bell was sounded and sent forth a deep, sepulchral tone across the sea. The Princesses signed their names in the visiting-book, and left the old man a handsome souvenir of their visit.

… The South Stack is famous for its magnificent rock-scenery and the lighthouse with which the island is crowned. In the precipitous face of the cliffs of the mainland 380 steps, known as the Stairs, are cut, at the end of which the path is carried across a fearful chasm by means of a chain suspension-bridge, which, from its light and airy construction, appears as though a thread of gossamer were thrown across. Previous to the erection of this bridge the risk of crossing must have been fearfully great, as at first the only communication was by means of a rope bridge. The clean white buildings attached to the lighthouse are almost a pleasant relief to the eye on emerging from between these walls of cliff. The lighthouse was erected in 1809. It is 212ft. above high water, and bears a revolving white light, showing a full one every two minutes. The sea is awful here in south-west gales, frequently dashing over the whole rock and the dwellings of the keepers."

*The Illustrated London News*

Llyfrau Magma

Cynllun o'r Orsaf Telegraff Trydanol gyntaf, 1861
(*Amgueddfa Morwrol Glannau Mersi MDHB/Plans/South Stack*)

A plan of the first Electric Telegraph Station, 1861
(*Merseyside Maritime Museum MDHB/Plans/South Stack*)

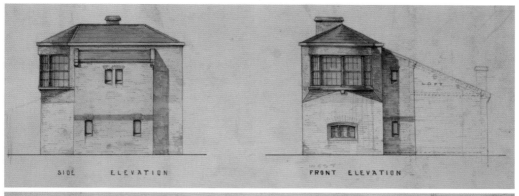

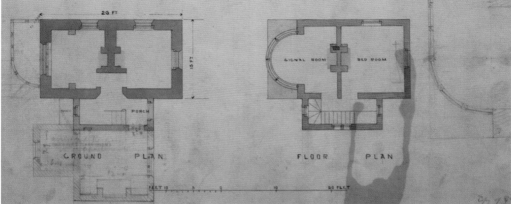

## Oes newydd o gyfathrebu

Ym 1861 llwyddodd y Mersey Docks & Harbour Board i gael caniatâd i leoli eu gorsaf delegraff newydd yn Ynys Lawd.

Yn ystod y flwyddyn ganlynol, addaswyd hen gartref y ceidwaid ar flaen gorllewinol yr ynys, nad oedd yn cael ei ddefnyddio bellach, yn ystafell signal ac arsylwi. Adeiladwyd estyniad ar ei ochr ddeheuol, ac ychwanegwyd llawr arall ato. Roedd y lle byw, ac ystafell wely gweithredwr y telegraff ar y llawr gwaelod. Lleolwyd y man gwylio, gyda ffenestri panoramig mawr wedi eu gosod ar hyd wal hanner cylch, ar y llawr cyntaf. Y tu ôl i'r ystafell wylio hon roedd ystafell wely ceidwad cynorthwyol y telegraff. Peintiwyd y geiriau 'Signal Station' ar y wal o flaen y man gwylio mewn llythrennau mawr, gan ei wneud yn glir a gweladwy i longau oedd yn pasio.

Roedd y telegraff trydan hwn yn cymryd lle'r hen system delegraff optig oedd wedi'i lleoli ger Craig Gogarth ar fynydd Caergybi, a gafodd ei sefydlu gan

## A new age of communication

In 1861 the Mersey Docks & Harbour Board successfully obtained permission to locate their new electric telegraph station at South Stack.

The following year the redundant keepers' dwelling at the western tip of the island was adapted for use as an observation and signalling room. An extension was built on its south side, and another floor was added. Living quarters, together with the telegraph operator's bedroom, were located on the ground floor. The lookout, with large panoramic windows arranged on a semi circular wall, was on the first floor. Behind this lookout room was the bedroom for the assistant keeper of the telegraph. A wall in front of the lookout had the words 'Signal Station' painted in large lettering, thus making it clearly visible to passing vessels.

This electric telegraph replaced the old optical telegraph system which was located near to North

Gapten Hugh Evans ym 1810. I ddechrau, roedd yn gweithredu rhwng y mynydd a phorthladd Caergybi yn unig, ac fe ddatblygodd y semaffor gweledol ymhen hir a hwyr i gyfnewid neges-euon rhwng llongau oedd yn cyrraedd Caer-gybi o'r de a phorthladd

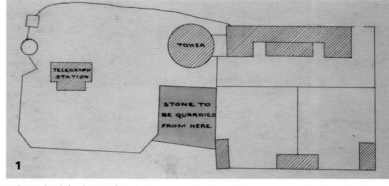

**1**

Lerpwl. Mae adfail yr orsaf, ynghyd â chartrefi'r ceidwaid a'u gerddi, yn dal i'w gweld hyd heddiw.

Symudwyd y telegraff trydanol i lawr i Ynys Lawd am dri phrif reswm. Yn gyntaf, roedd ei leoli mewn man agosach i lefel y môr yn golygu y gellid ei weld yn well o fwrdd llong, gan fod cymylau isel yn aml yn cuddio'r olygfa o'r mynydd. Ar ben hyn, gan fod y system newydd yn dibynnu ar geblau trydan yn hytrach na system weledol, doedd dim angen bod o fewn golwg gorsaf arall.

Yn drydydd, roedd stad Penrhos wedi gosod rhent uchel iawn ar y tir ble safai'r orsaf. Yr oedd mor uchel fel i'r Mersey Docks & Harbour Board gysylltu â Trinity House, a ostyngodd y rhent yn syth i swm arbennig o un swllt y flwyddyn.

Rhedai gwifrau o Lerpwl yn syth i mewn i'r orsaf delegraff yn Ynys Lawd. Rhedai'r gwifrau ar bolion am y rhan fwyaf o'r pellter, oni bai am groesi o'r arfordir ger Trwyn Eilian (Pwynt Lynas) at Ben y Gogarth, a rhwng Moel Nant ac Ynys Hilbre yn Aber Afon Dyfrdwy, lle rhedai'r gwifrau ar hyd gwely'r môr. Roedd y telegraff hefyd wedi'i gysylltu â'r system delegraffig genedlaethol drwy'r Swyddfa Bost yng Nghaergybi. Roedd y system yn gweithio ar fatris, batris cell Daniell mwy na thebyg, a ddefnyddiwyd yn helaeth mewn gorsafoedd telegraff Ffrengig hyd at ganol yr 1860au. Roeddent yn cynhyrchu trydan drwy ddulliau cemegol, heb fod angen generadur.

Prif gyfrifoldeb y ddau geidwad telegraff oedd cadw golwg am longau'n cyrraedd, a bod yn gyswllt cyfathrebu gydag awdurdodau porthladd Lerpwl. Byddent yn cael gwybod am lwythau'r cychod a syniad o ba bryd y byddent yn cyrraedd. Roedd y wybodaeth hon yn ddefnyddiol i'r farchnad stoc, a hefyd yn galluogi'r gweithwyr ar y doc i baratoi ar gyfer dadlwytho.

Stack, on Holyhead Mountain, and which had been established by Captain Hugh Evans in 1810. Initially operating only between the mountain and the port of Holyhead, the visual semaphore system was eventually developed to relay messages between ships approaching Holyhead from the south and the port of Liverpool. The ruins of the station, together with the keepers' dwelling and gardens can still be seen.

The electric telegraph was moved down to South Stack for three main reasons. Firstly, being located at a lower height above sea level allowed for improved visibility; low cloud often obscured the view from the mountain. In addition, as the new system relied upon electric cables as opposed to a visual system, there was no need to be within the line of sight of another station. Thirdly, the Penrhos estate had placed a high rental value on the land where the station stood. It was considered so high by the Mersey Docks & Harbour Board that they approached Trinity House, who immediately gave them a special rent of one shilling per annum.

Wires ran from Liverpool directly into the telegraph station at South Stack. For most of the distance they ran on poles, but between the coast at Point Lynas and the Great Orme, and between Voel Nant and Hilbre Island located in the Dee Estuary, the cable ran along the sea bed. The telegraph also connected with the national telegraphic system, via the Post Office in Holyhead. The system at South Stack was operated by batteries, probably Daniell cell batteries, which had been used extensively in French telegraph stations until the mid 1860s. They produced electricity by chemical means, and did not require generators.

The main role of the two telegraph keepers was to keep a lookout for incoming vessels, and act as a communication relay with the port authorities in

Byddai llongau oedd yn dynesu a ddymunai gyfnewid gwybodaeth yn dangos signal mewn côd gan ddefnyddio baneri semaffor neu oleuadau Morse, a ddywedai *rhowch wybod i'm perchnogion amdana' i*. Gallai'r gweithwyr telegraff wedyn ddechrau trosglwyddo gwybodaeth mewn côd, a fyddai'n cael ei basio ymlaen i'r Mersey Docks & Harbour Board drwy ddull offer Morse. Gyrrwyd signal ar hyd cebl telegraff sengl dros y tir.

Fodd bynnag, daethant ar draws problemau yn aml. Byddai cyfathrebu yn cael ei darfu o hyd am oriau ar y tro, gyda'r diffyg fel arfer yn cael ei achosi gan gysylltiad gyda'r ddaear rywle ar hyd y llinell. Roedd y digwyddiadau hyn yn achosi poen meddwl, ac roedd yn rhaid cofnodi manylion yn fanwl. Rhaid oedd darganfod a thrwsio unrhyw ddifrod neu doriad yn y wifren yn syth.

Liverpool. They were notified of the ships' cargoes and estimated arrival time. This information was of use to the stock market and also enabled dock workers to prepare for unloading.

Approaching vessels that wished to relay information would show a coded signal using semaphore flags or Morse flashlight, which read *report me to my owners*. The telegraph operators could then begin a coded transfer of information, which they would pass onto the Mersey Docks & Harbour Board by means of Morse equipment. Signals were sent along a single overland telegraph cable.

However, problems were often encountered. Communications were invariably disrupted for a few hours at a time, failures usually caused by a full earth contact somewhere along the line. These incidents were a cause of concern and details had to be recorded. Any damage or break in the wire had to be located and immediately repaired.

---

1 Cynllun peirianwyr y Mersey Dock and Harbour Board o Ynys Lawd, 1863
(*Amgueddfa Morwrol Glannau Mersi MDHB/Plans/South Stack*)

2 Ysgythriad o Ynys Lawd, yn dangos yr orsaf telegraff gyntaf.
(*Picturesque Europe, Volume 2: The British Isles*, Cassell, Llundain)

1 A Mersey Dock and Harbour Board engineers' plan of South Stack, 1863 (*Merseyside Maritime Museum MDHB/Plans/S Stack*)

2 An engraving of South Stack showing the original telegraph station
(*Picturesque Europe, Volume 2: The British Isles*, Cassell, London)

## Gwarchodfa Natur Ynys Lawd

Mae warchodfa natur Ynys Lawd yr RSPB yn cynnwys dau ddarn mawr o rostir, gyda chreigiau oddi ar y lan ac ogofeydd, a dau ddarn o ffermdir. Pob haf mae'r clogwyni môr trawiadol yn darparu safleoedd nythu i oddeutu 4,000 o adar môr, gan gynnwys yr wylog, y llurs a'r pâl. Oherwydd lleoliad y nythfa mae hi'n hawdd gwylio'r adar o Dŵr Ellin, sef canolfan ymwelwyr yr RSPB sydd gyda golygfeydd o'r goleudy. Mae oddeutu 35,000 o bobl yn ymweld â'r warchodfa pob haf.

Mae'r rhostir ar y warchodfa yn rhan o SDdGA/ACA Glannau Ynys Gybi, ac mae'n cynnwys y darn mwyaf o rostir arfordirol yng Ngogledd Cymru. Mae'n gynefin ddelfrydol i'r frân goesgoch, ac mae'r warchodfa yn gartref i oddeutu 4% o'r boblogaeth o frain coesgoch sy'n nythu yng Nghymru.

Mae'r rhostir hefyd yn gartref i'r chweinllys Ynys Cybi, blodyn melyn sy'n unigryw i Ynys Lawd. Ceir hefyd y wiber a'r madfall cyffredin, ond rhaid i chi fod yn lwcus i'w gweld oherwydd fel arfer meant yn eich gweld chi yn gyntaf ac yn diflannu.

---

1 **Peregrine falcon**, C F Tunnicliffe, sgraf-fwrdd
(Casgliadau Oriel Ynys Môn)

2 **Chweinllys Ynys Cybi**, Chwiorydd Massey
(Casgliadau Oriel Ynys Môn)

3 **Clogwyni Ynys Lawd** (Casgliadau Oriel Ynys Môn)

## South Stack Nature Reserve

The RSPB (Royal Society for the Protection of Birds) South Stack reserve comprises two large areas of heathland, with offshore stacks and caves and two blocks of farmland. Each summer the imposing sea cliffs provide nest sites for around 4000 seabirds. These include guillemots, razorbills and puffins. The location of the breeding colony enables easy viewing from Ellin's Tower, the RSPB's information centre, which also overlooks the lighthouse. Around 35,000 people visit RSPB South Stack each summer.

The heathland on the reserve is part of the Glannau Ynys Gybi SSSI/SAC, and includes the largest area of maritime heath in North Wales. This habitat is important for choughs, and the reserve is home to around 4% of Welsh breeding pairs.

The heathland at South Stack is also the home of the Spathulate fleawort, a delicate yellow flower which grows on the cliffs high above the lighthouse, and nowhere else! Adders and common lizards are resident, but you will be lucky if you spot one as they usually see you first and hide away.

---

1 **Peregrine falcon**, C F Tunnicliffe, scraperboard
(Oriel Ynys Môn Collections)

2 **Spatulate Fleawort**, Massey Sisters
(Oriel Ynys Môn Collections)

3 **The cliffs at South Stack** (Oriel Ynys Môn Collections)

1

*Llyfrau Magma*

## Seiren niwl naturiol

Yn dilyn ymweliad gan Fwrdd y Goleudy ym 1863, nodwyd fod yr adar oedd yn nythu yn gallu bod yn rhybudd mwy effeithiol na'r gloch niwl. Yn wir, roedd y Capten Hugh Evans wedi honni fod angen hybu adar y môr i nythu yno yn ystod y 1830au. Sylweddolwyd ers peth amser fod eu cri yn rhybudd niwl naturiol, a gofynnwyd yn swyddogol i'r ceidwaid i warchod eu niferoedd.

Ysgrifennodd Bowen at yr Uwch-arolygydd ym 1857 yn dweud fod rhyw fechgyn yn adeiladu cwch ar ffarm yn yr ardal, yn 'bwrpasol ar gyfer dwyn wyau gwylanod'. Roedd yn bryderus y byddai eu gweithgareddau yn amharu ar boblogaeth yr adar.

Ers i'r gloch gael ei gosod, derbyniodd Trinity House gwynion swyddogol ynglŷn â'i effeithlonrwydd. Roedd y pellter y gellid ei chlywed yn dibynnu i raddau helaeth ar gyfeiriad a chryfder y gwynt. Ar y pryd, yr unig opsiwn arall posib yn lle'r gloch oedd defnyddio gynnau niwl. Cynhaliwyd profion gan ddefnyddio gynnau niwl yn Ynys Lawd yn ystod 1856, ond symudwyd y gwn y flwyddyn ganlynol i'r orsaf signal niwl newydd oedd wedi'i sefydlu ar Ynys Arw.

Yn ystod 1869, mewn ymdrech i wella'i effeithlonrwydd, symudwyd y gloch yn nes at ymyl y graig. Hefyd, dyma ei throi fel bod ceg y gloch yn wynebu am i lawr, fel yn y dull confensiynol. Gobeithiai'r Bwrdd y byddai hyn yn goresgyn nifer o'r problemau a brofwyd yn ystod tywydd gwlyb.

## Natural fog sirens

Following a visit from the Lighthouse Board in 1863, it was noted that the nesting seabirds were at times a more effective warning than the bell. Indeed, Captain Hugh Evans had encouraged the roosting of seabirds during the 1830s. It had long been realised that their cries sounded a natural fog warning, and keepers were officially asked to protect their numbers.

Bowen wrote to his Superintendent in 1857, stating that a boat was being built at a farm in the area by some boys, for the 'sole purpose of robbing gulls' eggs'. He was worried that their activities would have an effect upon their population.

From the time of its installation, Trinity House received formal complaints about the efficiency of the bell. The distance over which it could be heard was very much dependent upon the direction and strength of the wind. At the time, the only viable alternative to the bell was the use of fog guns. Trials were carried out using a fog gun at South Stack during 1856, but the following year the gun was moved to the newly established North Stack fog signaling station.

During 1869, in an attempt to improve its effectiveness, the bell was moved closer to the edge of the cliff. In addition, it was turned so that the mouth of the bell faced downwards in the conventional manner. This, the Board hoped, would alleviate many of the problems encountered during wet weather.

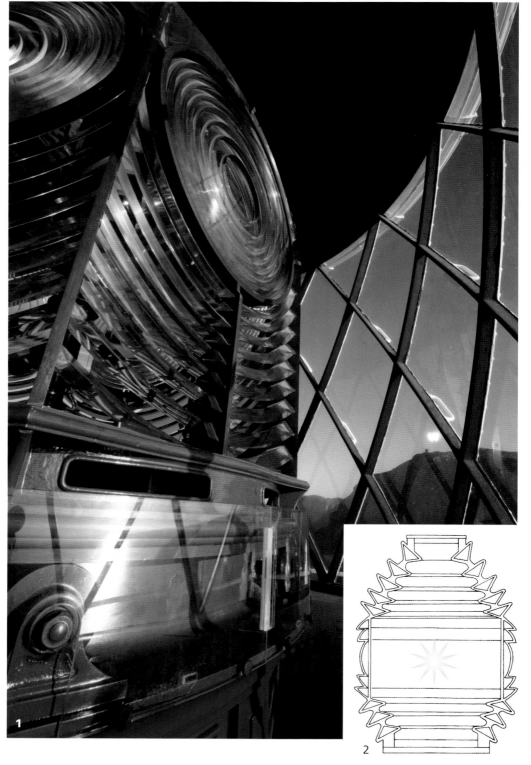

1 Y tu mewn i lantern Ynys Lawd *(Casgliadau Oriel Ynys Môn)*

2 Trawstoriad o optic gradd gyntaf, yn dangos y prismau a'r lensiau *(Casgliadau Oriel Ynys Môn)*

1 The interior of South Stack's lantern *(Oriel Ynys Môn Collections)*

2 A cross section drawing of a first order optic, showing the prisms and lenses *(Oriel Ynys Môn Collections)*

# Uwchraddio'r cyfarpar goleuo

Ym 1869, awgrymwyd y dylai Ynys Lawd gael golau cryfach, ac yn ystod y flwyddyn ganlynol, fe osododd y peirianwyr lampau ychwanegol ac adlewyrchyddion i fframwaith ystafell y lantern. Cafwyd adroddiad yn ôl yn syth gan gapteiniaid y cychod paced yn dweud fod y golau'n disgleirio'n llawer mwy llachar.

Roedd cyflymder datblygiad golau ar gyfer goleudai yn cynyddu'n raddol yn ystod y cyfnod hwn. Dim ond tair blynedd yn ddiweddarach ar ddiwedd 1873, roedd Trinity House yn gohebu â'r Chance Brothers gyda'r bwriad o uwchraddio'r cyfarpar goleuo yn gyfan gwbl. Gwneuthurwyr gwydr oedd y Chance Brothers, wedi eu lleoli ym Mirmingham. Roedden nhw'n arbenigo mewn gwneud offer goleudy, ac yn cyflenwi Trinity House a nifer o awdurdodau goleudai eraill ar draws y byd. Yn ogystal â chynhyrchu optegau'r goleudy, roeddent hefyd yn cynhyrchu mecanwaith cloc, gwaith haearn bwrw, a mathau amrywiol o lampau olew.

Cyfeiriwyd at y system arfaethedig newydd fel system catadioptrig, gyda'r optig yn cynnwys cyfres o lensys a phrismau oedd yn chwyddo ac adlewyrchu'r golau. Cafodd ei ddatblygu'n wreiddiol gan y Brodyr Fresnel yn Ffrainc yn ystod y 1820au. Golygai'r nodweddion chwyddo a phlygu fod oddeutu 80 y cant o'r golau a gynhyrchwyd gan y lamp yn cael ei gyfeirio allan i'r môr. Ceir chwe ochr i'r optig yn Ynys Lawd, yn cylchdroi unwaith bob chwe munud sy'n rhoi un fflachiad bob munud.

Mae gan yr optig hyd ffocal o 920mm, sef y pellter rhwng tarddiad y golau a'r lens, sy'n rhoi cyfanswm diamedr o 1,840mm (chwe throedfedd a hanner modfedd). Mae'r mesurau hyn yn ei wneud yn optig 'gradd gyntaf'. Mae chwe gradd i gyd yn y dosbarth Prydeinig, gyda'r chweched â phellter ffocal o 150mm. Defnyddiwyd yr optegau llai o faint ar gyfer goleuadau porthladd.

Yn wahanol i'r system flaenorol, roedd y lamp baraffin newydd yn aros yn llonydd tra oedd yr optig ei hun yn troi. Yn pwyso oddeutu dwy dunnell a hanner, gorffwysai'r optig ar feryn rholio iriedig, yn cael ei droelli gan fecanwaith cloc cryf. Roedd yn llawer symlach nag unrhyw system flaenorol, yn gofyn am lai o waith cynnal a chadw a llai o waith yn gyffredinol i'w weithio drwy oriau'r nos.

# Upgrading the lighting apparatus

In 1869 it was suggested that South Stack required a strengthened light, and during the following year engineers fitted additional lamps and reflectors to the framework in the lantern room. The captains of the packet boats immediately reported that the light shone much brighter.

The pace of development of lighthouse illumination was steadily increasing during this period. It was only three years later, at the end of 1873, that Trinity House engineers were corresponding with Chance Brothers, with a view to updating the lighting apparatus entirely. Chance Brothers were glass manufacturers based in Smethwick, Birmingham. They specialised in the manufacture of lighthouse equipment, and supplied Trinity House and many other lighthouse authorities around the world. In addition to producing lighthouse optics, they also produced clockwork mechanisms, cast-ironwork and various types of oil lamp.

Their newly proposed system was referred to as a catadioptric system, in which the optic contained a series of lenses and prisms that magnified and reflected the light. It was originally developed by the Fresnel (pronounced *Fray-nell*) Brothers in France during the 1820s. The combined magnifying and refracting properties meant that approximately 80 per cent of the light emitted from the lamp was directed out to sea. As the South Stack optic is six-sided, its rotation of one revolution every six minutes gave the character of one flash every minute.

The optic has a focal length, that is the distance from the light source to the lens, of 920mm, and therefore a total diameter of 1,840mm (six feet and a half inch). These dimensions class it as a 'first order' optic. The British classification has six orders, the sixth having a focal distance of 150mm. The smaller optics would be used for harbour lights.

As opposed to the previous system, the new paraffin multiwick lamp remained stationary while the optic itself rotated. Weighing approximately two and a half tons, the optic rested on well greased roller bearings, and was rotated by a strong clockwork mechanism. It was much simpler than any previous system, requiring less maintenance and less work to operate through the hours of darkness.

1 Lantern Ynys Lawd, a ddyluniwyd gan
Syr James Nicholas Douglass *(Casgliadau Oriel Ynys Môn)*

2 Storfa Olew, 1874 *(Casgliadau Oriel Ynys Môn)*

3 Porth y Felin a Depo Trinity House
*(Gwasanaeth Archifau Ynys Môn WSD29)*

1 South Stack's lantern, designed by Sir James
Nicholas Douglass *(Oriel Ynys Môn Collections)*

2 Oil Store, 1874 *(Oriel Ynys Môn Collections)*

3 Porth y Felin and the Trinity House Depot
*(Anglesey Archives Service WSD29)*

Roedd y gwaith datblygu hefyd yn cynnwys adeiladu storfa olew newydd. Mae ganddi silffoedd hir o lechen, sy'n rhoi lle ar gyfer storio olew, a gadwyd mewn caniau ar ôl cael ei gludo i'r lan gan gychod Trinity House.

Cynigiodd Sir James Nicholas Douglass—Prif-Beiriannydd Trinity House rhwng 1863 a 1892 —lantern steil newydd ar gyfer Ynys Lawd. Roedd hon i gymryd lle'r lantern wreiddiol, oedd â phaneli o wydr sgwâr confensiynol. Roedd gan y cynllun newydd fariau gwydr o siâp heligol, oedd wedi eu gosod yn groeslinol, i greu siâp diemwnt. Mae lantern o'r cynllun hwn yn cael ei ystyried yn fwy effeithiol gan nad yw'r bariau yn tarfu ar y pelydr o'r lamp, fel y digwyddai yn achos yr hen steil o lantern. Adeiladwyd a gosodwyd y lantern newydd gan De Ville & Co, arbenigwyr mewn gwaith haearn bwrw, am £1,847. Roedd iddi 10 troedfedd o wydr clir, a tho cromen gydag awyrydd wedi ei osod ynddo. Cynyddodd uchder y tŵr o ganlyniad i'r gwaith datblygu hwn, ond dim ond o ychydig droedfeddi.

Tra oedd gweithwyr Chance Brothers wedi

The development work also included the building of a new oil store. It has long slate shelves, allowing room for the storage of oil, which was kept in cans and brought ashore by launches from the Trinity House tenders.

Sir James Nicholas Douglass—Engineer-in-Chief to Trinity House between 1863 and 1892—proposed a new style of lantern for South Stack. This was to replace the original lantern, which had conventional square-shaped glazing panes. His new design had helically-shaped glazing bars, which were arranged diagonally, creating a diamond shape. This design of lantern is considered more efficient in that the bars do not interrupt the beam from the lamps, as had been found to be the case with the old-style lantern. The new lantern was built and installed by De Ville & Co, specialists in cast-iron work, at a cost of £1,847. It had 10 feet of clear glazing, with a domed roof fitted with ventilators. This development work subsequently increased the height of the tower, albeit by just a few feet.

Whilst workers from Chance Brothers had com-

gorffen eu gwaith ar yr optig a'r mecanwaith cylchdroi, roedd De Ville & Co yn dioddef broblemau wrth osod y lantern, ac fe'u gorfodwyd i ohirio'r gwaith dros fisoedd y gaeaf. Fe orffennwyd y gwaith o'r diwedd 124 diwrnod yn hwyr. Ni chawsant unrhyw gosb ariannol gan y Bwrdd, gan ei bod yn debygol iawn fod y tywydd wedi bod yn rhannol gyfrifol am yr oedi. Fodd bynnag, fe roddodd hyn gyfle i'r Chance Brothers sicrhau caniatâd i Trinity House gael arddangos yr optig newydd dros dro mewn arddangosfa yn Amgueddfa De Kensington yn Llundain (y Science Museum heddiw).

Profwyd y golau newydd yn Ynys Lawd yn ystod Hydref 1874. Unwaith ei fod yn gweithio, cafwyd sylwadau ffafriol gan gapteiniaid llongau oedd yn hwylio i mewn ac allan o Gaergybi. Yn awr fod y prif olau wedi ei foderneiddio a'i wella'n sylweddol, roedd y golau isel bellach yn annigonol mewn cymhariaeth.

Roedd newidiadau hefyd yn cael eu gwneud i strwythur y Trinity House ar y pryd. Yn dilyn cwblhau morglawdd Caergybi ym 1874, prynodd Trinity House ddarn o dir ar y lan yn Newry yng Nghaergybi, ble codwyd swyddfa, cartre' ceidwad y storfa, storfa bwi a gweithdai. Wedi hynny, cai Ynys Lawd, ynghyd â goleudai eraill ar hyd arfordir Cymru, eu rheoli o'r 'depo' newydd yma.

pleted their work on the optic and rotating mechanism, DeVille & Co were experiencing problems with the lantern's installation and were forced to postpone work over the winter months. They eventually completed the work 124 days late. The Board did not apply any financial penalty, as it is quite probable that the weather conditions played a part in this delay. However, it did allow Chance Brothers the opportunity to obtain the permission of Trinity House to temporarily display the new optic in an exhibition at the South Kensington Museum in London (now known as the Science Museum).

Trials of the new light were carried out at South Stack during October 1874. Once operational, favourable comments were again received from captains of vessels sailing to and from Holyhead. Now that the main light had been modernised and much improved, the low light now seemed inadequate in comparison.

Changes were also taking place to the structure of Trinity House at this time. Following the completion of the Holyhead breakwater in 1874, Trinity House purchased a plot of land on the shore at Newry at Holyhead, where they set up an office, storekeeper's quarters, a buoy store and workshops. South Stack, along with other lighthouses along the Welsh coast, was then operated from this newly opened depot.

3

Bedford, 829

1 Golau isel ansymudol *(Casgliadau Thomas Shires)*
2 Y wal gron lle bu'r golau isel ansymudol
*(Casgliadau Oriel Ynys Môn)*

1 The stationary low light *(Thomas Shires Collections)*
2 The remaining circular wall that once surrounded the
stationary low light *(Oriel Ynys Môn Collections)*

Ym 1879 dechreuwyd gweithio ar newid y golau isel yn Ynys Lawd. Yn wahanol i'r golau isel blaenorol, roedd yr un newydd yn llonydd, ac wedi'i leoli ar drwyn gorllewinol yr Ynys. Unwaith eto, cyflenwyd y cyfarpar optig a'r lantern gan y Chance Brothers.

Bu'n rhaid ffrwydro a chlirio tunelli o greigiau er mwyn paratoi. Yna, cerfiwyd grisiau i mewn i'r graig i roi lle i fynedfa, ac adeiladwyd wal gron amdanynt. Yn debyg iawn i'r lantern ar dop y twr, roedd ystafell lantern gyfangwbl wydrog yn dal lamp olew, gydag optig a oedd eto'n cael ei chylchdroi gan beirianwaith cloc. Tyllwyd hollt tua deuddeg troedfedd o ddyfnder i mewn i'r graig yn syth oddi tan y lantern er mwyn gwneud lle i bwysau'r mecanwaith cloc ddisgyn. Mae'n safle agored iawn, ac unwaith eto, roedd yn rhaid cymryd y dasg o gynnal a chadw o ddifrif.

Erbyn mis Mehefin 1880, roedd y golau isel newydd yn barod i gael ei ddefnyddio. Y bwriad oedd ei arddangos pan oedd y prif olau wedi'i guddio, neu pe byddai'r gynnau niwl ar Ynys Arw yn cael eu tanio. Ar ôl tri mis o ddefnydd penderfynwyd nad oedd angen y goleuadau isel gwreiddiol bellach, ac felly fe dynnwyd y lantern symudol ynghyd â'r trac a'r winsh cranc oddi yno.

In 1879 work was started on the replacement of the low light at South Stack. Unlike the previous low light, this new one was stationary, and located at the western tip of the island. Once again, the Chance Brothers supplied the optical apparatus and lantern.

Many tons of rock had to be blasted and cleared in preparation. Steps were then carved into the rock, to allow access, and an enclosing circular wall was built. A fully glazed lantern room, very similar to the lantern at the top of the tower, held an oil lamp, with an optic which was again rotated by clockwork. A shaft, approximately twelve feet deep, was bored into the rock immediately under the lantern in order to accommodate the fall of the weights of the clockwork mechanism. It is an exposed site, and once again maintenance was an issue that could not be taken lightly.

By June 1880, the new low light was ready for use. It was to be exhibited when the main light was obscured, and also if the fog guns at North Stack were fired. After three months of use it was decided that the original low light was no longer required. The movable lantern, together with the trackway and crab winch, were subsequently removed.

## Daeareg Ynys Lawd

Ynys Lawd yw un o'r llefydd gorau ym Mhrydain i weld creigiau a gafodd eu plygu gan rymoedd enfawr 'platiau' grisial y Ddaear sydd yn symud drwy'r amser.

Cafodd y creigiau eu gadael yn haenau o fwd a thywod bob yn ail ar lawr môr bas, tua 500–600 miliwn o flynyddoedd yn ôl. Wedyn fe gawsant eu gwasgu at ei gilydd , eu plygu a'u ffawtio gan symudiadau grymus y ddaear. Fe adweithiodd y tywod a'r mwd yn wahanol i'r ffawtio hwn. Cafodd yr haenau tywodlyd eu plygu'n ddolenni ysgafn ac mewn rhai llefydd fe ddaeth yr haenau yn deneuach ac fe'i tynnwyd oddi wrth ei gilydd—proses a elwir yn 'boudinage', ar ôl math o selsig Ffrengig. Fe wnaeth yr haenau o fwd ymddwyn fel plastisîn gan gael eu plygu a'u gwasgu i ffurfio patrymau tynn ac astrus.

Fe ffurfiwyd y creigiau ar amser pan oedd atmosffer y byd wedi cronni digon o ocsigen i gynnal ffurfiau mwy amrywiol o fywyd nag a fu cyn hynny. Mae'r 'ffrwydriad' hwn o fywyd ar y ffin rhwng y cyfnod cyn-Gambriaidd a'r Paleosöig, rhyw 500-600 miliwn o flynyddoedd yn ôl, i'w weld yn Ynys Lawd mewn pridd pryfaid genwair, rhai o'r ffosiliau hynaf i'w canfod erioed ym Mhrydain.

Mewn amseroedd pur ddiweddar, tua 65 miliwn o flynyddoedd yn ôl yn y Cyfnod Trydyddol, gadawodd ffawtiau a'r craciau eraill yn y creigiau o gwmpas Ynys Lawd i lafa tawdd ffrydio i fyny tuag at wyneb y ddaear. Mae gweddillion y graig dywyll hon wedi iddi galedu, ac a elwir yn deic dolerit yn ffurfio llawer o'r staciau a welir ar hyd yr arfordir o Ynys Lawd a heibio Tŵr Ellin tua'r de.

*Margaret Wood*

## The geology of South Stack

South Stack is one of the best places in Britain to see rocks which have been folded by the massive forces of the Earth's constantly moving crustal 'plates'.

The rocks were deposited as alternate layers of mud and sand on the floor of a shallow sea, around 500–600 million years ago. They were then intensely compressed, folded and faulted by massive earth movements. The sand and mud reacted differently to folding. The sandier layers were folded into gentle curves and in places the layers became thinner and were pulled apart—a process called 'boudinage', after a type of French sausage. The muddier layers behaved like plasticine, becoming folded and squeezed into tight and intricate patterns.

The rocks were formed at a time when the Earth's atmosphere had built up sufficient oxygen to support more varied life forms than had existed before. This 'burst of life' at the boundary between the Precambrian and Palaeozoic eras, some 500 to 600 million years ago, is witnessed at South Stack by worm casts. These are some of the oldest fossils ever to have been found in Britain.

In comparatively recent times, about 65 million years ago during the Tertiary Period, faults and other cracks in the rocks around South Stack allowed molten lava to well up towards the land surface. The remains of this dark solidified rock, known as a dolerite dyke, form many of the stacks running along the coast from South Stack past Ellin's Tower to the south.

*Margaret Wood*

Stuart Campbell

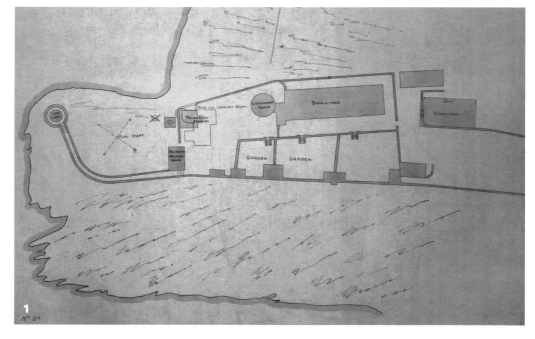

1

N° 9⁴

## Gorsaf delegraff 'Dosbarth Cyntaf'

Ym mis Mehefin 1885, gofynnodd y Mersey Docks & Harbour Board am ganiatâd gan Trinity House i ddymchwel y tŷ telegraff a'r man gwylio er mwyn adeiladu cartref newydd addas ar gyfer y ceidwaid, ymhellach oddi wrth y gwyntoedd cryf a'r gloch niwl. Byddai'r gwaith hefyd yn cynnwys adeiladu man gwylio newydd.

Dewiswyd llain o dir ar yr ynys, wrth dalcen dwyreiniol cartref ceidwaid y goleudy ar gyfer cartrefi newydd staff y telegraff. Roedd y tir yn gwyro ar lethr ar un ochr, gan leihau'r gwagle addas ar gyfer tŷ un llawr, a fyddai'n cyfateb i gynllun cartrefi Trinity House. O ganlyniad, ac er mwyn darparu'r llety hanfodol ar gyfer ceidwaid y telegraff a'u teuluoedd, fe gynlluniwyd ac adeiladwyd tŷ dau lawr. Mynegodd Trinity House eu pryder am fynediad i'w adeiladau allanol, a oedd y tu ôl i'r tŷ. Mynnwyd fod y penseiri yn gadael lle i lwybr chwe throedfedd o led rhwng cefn y tŷ ac adeiladau allanol a storfeydd Trinity House.

Tra oedd y gwaith adeiladu yn cael ei wneud, codwyd man gwylio dros dro ar dop grisiau'r brif fynedfa, yn edrych allan dros Ynys Lawd. Defnyddiwyd yr adeilad pren yma am chwe mis.

Roedd yr orsaf delegraff a'r cartrefi newydd wedi

## A 'First Class' telegraph station

In June 1885, the Mersey Docks & Harbour Board sought permission from Trinity House to demolish the original telegraph house and lookout, and build a suitable new dwelling for the keepers, away from the prevailing winds and the fog bell. The work would also include the construction of a new lookout.

A plot of land was chosen on the island, by the eastern gable end of the lighthouse keepers' dwelling, for a new dwelling for the telegraph staff. The land sloped sharply at one end, restricting the amount of space suitable for a single storey dwelling, which would have matched the Trinity House dwelling in design. As a result, and in order to provide the accommodation necessary for the telegraph keepers and their families, a two storey house was designed and built. Trinity House showed concern for the access to their outbuilding, which stood behind the dwelling. They demanded that the architects allow a six feet wide path between the back of their dwelling and the Trinity House outbuildings and stores.

Whilst the construction work was under way, a temporary telegraph lookout was built at the top of the main access steps, overlooking South Stack. This wooden structure remained in use for six months.

eu cwblhau erbyn 4 Hydref, 1886. O ganlyniad, rhoddodd y Mersey Docks & Harbour Board safon dosbarth cyntaf i'r orsaf. Symudodd y staff yno dair wythnos yn ddiweddarach. Ar llawr isaf y cartref roedd yna gegin, cegin gefn a phantri, gyda ystafell fyw i'r ceidwad cynorthwyol. Ar y llawr cyntaf roedd tair ystafell wely ac ystafell fyw ychwanegol. Roedd y cartref newydd hwn yn eang a chyfforddus. Caed buarth bach â waliau o'i amgylch ar dalcen dwyreiniol y cartref, a dwy sied lo a dau dŷ bach allanol. Roedd y rhain ar wahân i gartrefi ceidwaid Trinity House.

The new telegraph station and dwellings were completed by 4th October 1886. As a result, the Mersey Docks & Harbour Board gave the station a first class designation. Staff moved in three weeks afterwards. The new dwelling had a kitchen, a scullery with pantry, and an assistant keeper's living room and bedroom on the first floor. On the ground floor there were two additional bedrooms, one for the keeper of the telegraph, together with an upstairs living room. This new accommodation was commodious and comfortable. On the east gable of the dwelling there was a walled yard, with two coal sheds and two outside toilets. It was separate to the Trinity House keepers' dwellings.

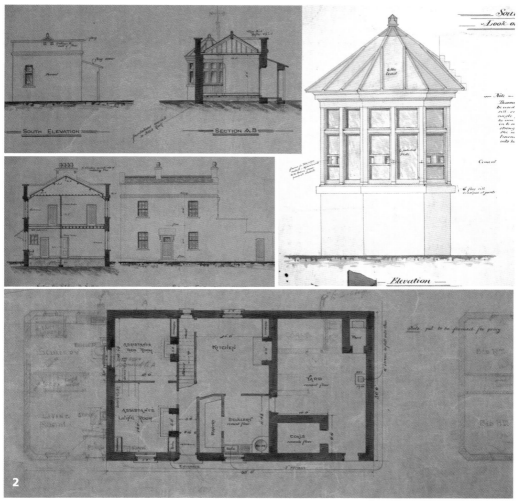

**2**

1 Cynllun arfaethedig gan y MDHB yn dyddio'n ôl i 1886
*(Amgueddfa Morwrol Glannau Mersi MDHB/Plans/South Stack)*

2 Cynlluniau o'r wylfan telegraff a'r tŷ ceidwad y telegraff a'u teuluoedd, 1886
*(Amgueddfa Morwrol Glannau Mersi MDHB/Plans/South Stack)*

1 Proposal plan by the MDHB from 1886
*(Merseyside Maritime Museum MDHB/Plans/South Stack)*

2 Plans of the telegraph lookout, and the keepers' and their families dwelling, 1886
*(Merseyside Maritime Museum MDHB/Plans/South Stack)*

1 2 Tommy y mul yn danfon nwyddau i Ynys Lawd, 1911
*(The Daily Mirror)*

3 **Map yr Arolwg Ordnans, 1889** sy'n dangos helaethrwydd datblygiad ar yr ynys fechan.

1 2 **Tommy the donkey delivering produce to South Stack, 1911**
*(The Daily Mirror)*

3 **Ordnance Survey map, 1889**, showing the extent of development on the small island.

## Signal niwl newydd

Erbyn 1893, argymhellwyd gan Fwrdd y Goleudy fod angen cloch niwl newydd. Roedd seiren niwl eisoes yn cael ei defnyddio gan Trinity House, ac fe awgrymodd eu peirianwyr y byddai signal niwl corn brwynen yn berffaith ar gyfer Ynys Lawd. Argymhellwyd gan y Bwrdd hefyd y dylid cael gwared â'r gloch, a'i gosod yn hytrach yng ngoleudy Needles ar Ynys Wyth.

Ym mis Mai 1895 cyflwynwyd cynlluniau ar gyfer tŷ signal niwl newydd i'r Bwrdd, a dyrannwyd swm o £650 ar gyfer ei osod. Prynwyd dwy injan olew gan y Priestman Brothers, yn Hull. Roedd y corn niwl wedi'i gynllunio i chwythu am saith eiliad, unwaith bob tri deg eiliad.

Ar 23 Hydref 1895, roedd y corn niwl yn gweithio. Roedd Brodyr Hyn o Trinity House yn bresennol ar gyfer yr arddangosiad cyntaf. Fe arhosodd y peirianwyr o Priestman Brothers yn Ynys Lawd am bum wythnos yn ychwanegol, gan ganiatáu amser i ddatrys unrhyw broblemau, ac i ddarparu hyfforddiant sylfaenol i'r ceidwaid. Roedd yn rhaid i'r ceidwaid ddechrau'r signal eu hunain, ac fe'u hyfforddwyd i wneud hynny pan na fyddai posib gweld ymhellach na dwy filltir. Byddent yn aml yn orofalus.

Yn anffodus, bron yn syth ar ôl iddo ddechrau, derbyniwyd cwynion oddi wrth y London & North Western Company (LNWR) oedd yn gweithredu'r llongau stêm o Gaergybi i Dun Laoghaire, ac oddi wrth Siambr Fasnach Dulyn. Roedden nhw'n nodi nad oedd modd clywed y corn niwl oddi ar fyrddau llongau. Ym mis Ebrill 1897, aeth y stemar 'Editor', oedd yn cario cotwm a siwgr o Frasil i Lerpwl, i drybini mawr mewn niwl trwchus oddi ar arfordir Ynys Môn. Fe ddrylliodd yn erbyn y creigiau rhyw filltir i'r de o Ynys Lawd, a suddo. Achubwyd ei chriw, ond collwyd y llong a'i llwyth. Bu ymchwiliad i'r digwyddiad gan y Llys Ymholi, ac adroddwyd fod y corn niwl yn canu pan ddigwyddodd y ddamwain, a bod y signal yn ddigonol. Roedd hyn yn sicrhau nad oedd unrhyw fai ar Trinity House na'r ceidwaid.

## A new fog signal

By 1893 it was proposed by the Lighthouse Board that the fog bell was in need of replacement. Fog sirens had already entered service with Trinity House, and their engineers suggested that a reed horn fog signal would be ideal for South Stack. The Board also proposed to remove the bell, and have it installed at the Needles lighthouse on the Isle of Wight.

In May 1895 drawings for a new fog signal house were submitted to the Board, and a sum of £650 was allocated for its installation. Two oil engines were purchased from Priestman Brothers, Hull. The fog horn was designed to provide a seven-second blast, once every thirty seconds.

On 23rd October 1895, the new fog horn was in operation. The Elder Brethren of Trinity House were in attendance for its inaugural demonstration. Mechanics from Priestman Brothers were to stay resident at South Stack for a further five weeks, allowing time to sort any problems, and to provide basic training for the keepers. The keepers had to start the signal manually, and were instructed to do so if the visibility became less than two miles. They always erred on the side of caution.

Unfortunately, almost immediately following its introduction, complaints were received by the London & North Western Railway Company (LNWR) which operated the Holyhead to Dun Laoghaire steamers, and by the Dublin Chamber of Commerce. They were stating that the fog horn was inaudible from the decks of vessels. In April 1897, the steamer *Editor*, carrying cotton and sugar from Brazil to Liverpool, got into trouble in thick fog off the coast of Anglesey. She ran into the rocks a mile to the south of South Stack and sank. Her crew was saved, but the vessel and her cargo were lost. The Court of Enquiry investigated the incident, and reported that the fog signals were sounding when it occurred and that the signal was sufficient. This cleared Trinity House and the keepers of any blame.

**Trawstoriad o'r optig**, gyda'r lamp llosgwr mantell a osodwyd yn 1905 *(Casgliadau Oriel Ynys Môn)*

**Cross section of the optic** showing the incandescent mantle burner, which was installed in 1905 *(Oriel Ynys Môn Collections)*

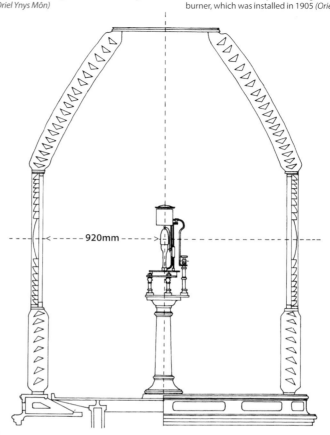

920mm

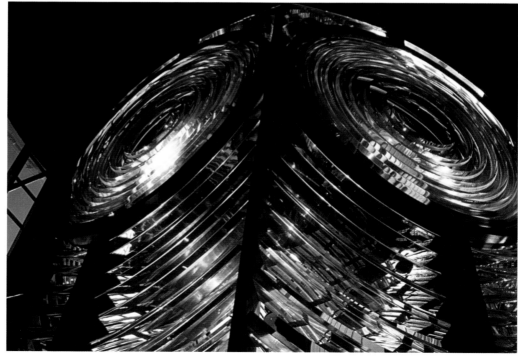

## Uwchraddio'r goleuadau

Yn ystod hanner olaf 1905, gosodwyd llosgydd mantell wynias newydd yn y tŵr. Fe gynhyrchai 274,250 candela o olau, oedd yn llawer mwy llachar na'r lamp baraffin aml-wic flaenorol. Fe gostiodd £550 i'w gosod. Roedd yn gwella perfformiad y golau ac yn cynrychioli'r dechnoleg ddiweddaraf. Fe'i defnyddiwyd am y tro cyntaf ar 19 Mawrth 1906. Defnyddiwyd y golau isel tra gosodwyd y lamp newydd.

Cai gwasgedd y tanciau paraffin ar gyfer y lampau hyn eu rheoli gan aer cywasgedig. Byddai'r tanciau aer yn cael eu pwmpio gyda llaw i gyrraedd y gwasgedd cywir, ac unwaith yr agorwyd y falf, byddai'r aer cywasgedig yn gwthio'r paraffin drwy'r anweddydd ar waelod y fantell. Yna byddai'n cael ei gynnau gan y ceidwad. Unwaith i'r lamp gael ei chynnau, gellid weindio a chylchdroi'r mecanwaith cloc i droi'r optig.

Yn fuan wedi gosod y system oleuo newydd yma yn llwyddiannus, daeth cais gan y Bwrdd am wybodaeth gan y ceidwaid yn gofyn sawl gwaith y defnyddiwyd y golau isel yn ystod y deng mlynedd flaenorol. Daeth i'r amlwg fod costau ei gynnal, o'i gymharu â sawl gwaith y'i defnyddiwyd, yn bryder cynyddol gan y Bwrdd. Erbyn mis Tachwedd 1906, gwnaed penderfyniad, a rhoddwyd rhybudd swyddogol i'r morwyr eu bod am roi terfyn parhaol ar y golau isel. Erbyn mis Mehefin 1907, daeth gwaith y golau isel i ben, ac fe'i diddymwyd. Yr unig weddillion sydd ar ôl heddiw yw'r wal gron a'r grisiau mynediad, ynghyd â'r siafft sydd wedi'i orchuddio â llechen.

Yn dilyn gosod y lamp newydd, cynigwyd ym 1908 y dylid newid system droelli'r optig. Cydweithiodd Trinity House gyda Chance Brothers i osod system arnofio mercwri ar gyfer yr optig. Gosodwyd pedestal newydd hefyd ac addaswyd y mecanwaith cloc. Roedd hyn yn cynnwys cafn, neu fath, oedd yn dal tua thri chwarter tunnell o fercwri. Galluogai dwysedd y mercwri hylifol i'r cyfarpar cyfan arnofio. Yr oedd fwy neu lai yn feryn ddiffrithiant, oedd yn caniatáu i'r optig droelli'n haws. Ac felly cynyddwyd y cyflymder troelli o un cylchdro bob chwe munud i un cylchdro bob munud. O ganlyniad, newidiodd amseriad y golau i un fflach bob deg eiliad.

## A brighter light

During the latter half of 1905 a new incandescent mantle burner was installed in the tower. It produced a light of 274,250 candela, much brighter than the previous multi-wick paraffin lamp. Costing £550 to install, it improved the performance of the light and represented the most up to date technology. It was first used on 19th March 1906. The low light was used during the installation of this new lamp.

The paraffin tanks for these lamps were pressurised by compressed air. The air tanks were pumped manually to the correct pressure, and once the valve was opened the compressed air would force the paraffin through the vaporiser at the base of the mantle. It would then be ignited by the keeper. Once the lamp was lit, the clockwork mechanism for rotating the optic could be wound and rotated.

Shortly after the successful installation of this new lighting system, the Board requested information from the keepers relating to the amount of times the low light had been lit during the previous ten years. Evidently its running costs, compared to the number of times it was operated, were a growing concern to the Lighthouse Board. By November 1906, a decision had been made, and an official notice was issued to mariners notifying them of the permanent discontinuation of the low light. By June 1907 the low light finally ceased operation, and was removed. All that now remains is the circular wall and the access steps, together with the shaft, covered by a slate slab.

Following the installation of the new lamp, in 1908 it was proposed that the rotating system for the optic should be changed. Trinity House engineers worked with Chance Brothers to install a mercury flotation system for the optic. A new pedestal was also installed and the clockwork mechanism modified. This consisted of a trough, or bath, which held approximately three quarters of a ton of mercury. The density of the liquid mercury allowed the entire apparatus to float. It was in effect a frictionless bearing, allowing the optic to rotate with greater ease. The rotational speed was subsequently increased from one revolution every six minutes to one revolution a minute. As a result, the character of the light changed to one flash every ten seconds.

Cyfanswm cost y gwaith oedd £590, ond ni chyfrifwyd y mercwri yn y pris gwreiddiol, a bu'n rhaid talu swm ychwanegol o £125 i glirio'r costau. Roedd hwn yn ddatblygiad arall a fyddai'n gwneud y gwaith yn haws i'r ceidwaid o ran rheoli a chynnal a chadw.

Roedd y pwysau gyriant ar gyfer y peirianwaith cloc yn pwyso tri chan pwys. Roedd weindio'r mecanwaith yn dasg lafurus i'r ceidwaid. Pan fyddai o fewn cyrraedd i waelod y tiwb pwysau, byddai cloch yn canu i roi gwybod i'r ceidwaid ei fod angen ei ail weindio. Roedd yn rhaid gwneud hyn bob rhyw awr. Byddai'r pwysau yn disgyn i lawr tiwb haearn bwrw gwag oedd wedi'i leoli'n ganolog o fewn y tŵr. Os oedd problem gyda'r peirianwaith cloc, byddai'n rhaid i'r optig gael ei weindio â llaw gan y ceidwad. Byddai'n defnyddio cloc amseru'r lantern i gynnal y cyflymder cywir.

The total cost of the work was £590, but the mercury itself had not been accounted for in the original quote, and an additional sum of £125 had to be provided to cover its cost. It was a development that again made work easier for the keepers in terms of both its maintenance and operation.

The driving weights for the clockwork mechanism weighed three hundredweight. Winding the mechanism was an arduous task for keepers. When nearing the bottom of the weight tube, a bell was rung which alerted the keepers that it required rewinding. This had to be done approximately every hour. The weight ran down a hollow cast-iron tube located centrally within the tower.

If problems were encountered with the clockwork, the optic would have to be wound manually by the keeper. He would use the timer of the lantern clock to maintain the correct rotational speed.

---

Llun o Bill O'Brien gyda'r mechanwaith cloc. Tynwyd y llun hwn yn ystod y 1970au *(Casgliad Bill O'Brien)*

Bill O'Brien photographed with the clockwork mechanism during the 1970s *(Bill O'Brien Collection)*

## Signal niwl o dan y môr

Yn ystod diwedd y bedwaredd ganrif ar bymtheg, datblygwyd clychau tanforol i'w defnyddio ar gyfer mordwyo.

Cyflwynwyd y syniad gan gwmni newydd o'r enw'r Submarine Signal Company, a oedd wedi eu lleoli ym Moston, UDA. Y nhw oedd yn cyflenwi gwasanaethau goleudai Canada a'r UD. Roedd y system yn gweithio ar yr egwyddor fod tonnau sŵn yn teithio ymhellach mewn dŵr nag mewn aer. Yr isaf y bo tôn y gloch, y pellaf y byddai'r sŵn yn teithio. Roedd y clychau wedi'u lleoli un ai ar wely'r môr neu o dan oleulongau neu fwi. Caent eu gweithredu gan unai aer wedi ei gywasgu, trydan neu gan symudiad y tonnau. Gosodwyd dyfeisiadau gwrando ar ddwy ochr gorff y llong, a elwid yn hydrophones, er mwyn gallu clywed y sŵn a yrrwyd o'r gloch danforol. Gallai gwrandawyr hyfforddedig ar bontydd y llongau nodi eu lleoliad drwy wisgo clustffonau. Ar ôl nodi eu lleoliad, gallai'r llongau gadw'n glir oddi wrth beryglon.

Sefydlodd y Submarine Signalling Company canolfan yn Lerpwl. Cydweithiai'r cwmni â Siemens, a oedd wedi datblygu ceblau tanforol arbenigol. Ym mis Rhagfyr 1908, gofynnodd Trinity House, oedd yn gweithio gyda'r London & North Wales Railway Company (gweithredwyr y rheilffordd rhwng Caergybi ac Euston, Llundain, a'r gwasanaeth fferi rhwng porthladd Caergybi a Dun Laoghaire), am amcangyfrif o gost gosod system o'r fath oddi ar Ynys Arw. Er eu bod yn awyddus i ddefnyddio'r dechnoleg newydd hon er mwyn gwella mordwyo, roedd Trinity House fymryn yn ochelgar, ac yn mynnu cael ad-daliad cyflawn petai'r gloch yn aflwyddiannus.

Ymhen hir a hwyr, yn ystod 1909, gosodwyd cloch ar wely'r môr, oedd oddeutu 100 troedfedd o ddyfnder (30m), a 3,600 troedfedd (1,100m) i'r gogledd o Ynys Lawd. Cai'r mecanwaith oedd yn amseru taro'r gloch ei weithredu'n drydanol gyda'r pŵer yn cael ei gynhyrchu gan beiriannau, oedd wedi'u lleoli yn yr ystafell beiriannau o fewn y tŷ signal niwl. Rhedai cebl trydanol trwchus o'r tŷ injan ar hyd gwely'r môr at y gloch. Crogai'r gloch o dan drybedd drom. Fe gostiodd £2,740 i'w gosod, a £416 ychwanegol am y marciwr bwi a'r angor. Yn ystod cyfnodau o dywydd niwlog, canwyd y gloch

## An undersea fog signal

During the late nineteenth century, advances were made in the development of submarine bells for use in maritime navigation.

The system was introduced by the newly established Submarine Signal Co., based in Boston, USA, which supplied the Canadian and US lighthouse services. It worked on the principle that sound waves travel further in water than in air. The lower the tone of the chime the further the sound will travel. The bells were either located on the seabed or underneath light vessels and buoys. They were operated by either compressed air, electricity, or by the movement of the waves. Listening devices located on either side of ships' hulls, known as hydrophones, enabled the sound emitted from the submarine bells to be heard. Trained listeners on the bridges of vessels could establish the location of the bells by using headphones. Having determined their position, vessels could steer clear of hazards.

The Submarine Signalling Company established a base at Liverpool. The company worked with Siemens, which had developed specialised undersea cables. In December 1908, Trinity House, who were working with the London & North Western Railway Company (operators of the railways between Holyhead and London Euston, and of the ferry service between the port of Holyhead and Dun Laoghaire), requested an estimate for the installation of such a system off North Stack. Although eager to make use of this new technology for improving navigation, Trinity House were slightly wary, and demanded that they be reimbursed of all costs if the bell was to prove a failure.

A bell was eventually installed, during 1909, on the seabed at a depth of around 100 feet (30m), 3,600 feet (1,100m) to the north of South Stack. Its striking timing mechanism was electrically operated; the power being generated by the engines which were located in the engine room within the fog signal house. A thick electrical cable ran from the engine house along the seabed to the bell. The bell was suspended underneath a heavy tripod. It cost £2,740 to install, and a further £416 for its marker buoy and moorings. During periods of foggy weather it was tolled four times in quick succession, followed by a silence of five seconds. Although oper-

bedair gwaith yn sydyn ar ôl ei gilydd, cyn pum eiliad o ddistawrwydd. Er ei fod yn cael ei weithredu o oleu dy Ynys Lawd, cai ei adnabod fel Cloch Niwl Tanforol Ynys Arw. Roedd yn rhaid i'r ceidwaid ganu'r gloch ar y cyd â'r corn niwl brwyn oedd eisoes yn bod; ni chaent fwy o gyflog am y cyfrifoldeb ychwanegol yma.

Lai na thri mis ar ôl gosod y gloch, cafwyd adroddiad gan y ceidwaid bod gwallau difrifol yn ei fecanwaith taro. Roedd ei ffrâm hefyd yn achosi problemau. Doedd dim dewis ond codi'r gloch a'i ffrâm i'r wyneb, a'u dychwelyd i'r gweithfeydd yn Lerpwl i gael eu hatgyweirio. Cawsant eu hadfer ym mis Tachwedd 1910, gyda newidiadau hefyd i'r dull taro—oedd bellach yn rhoi pedwar trawiad, un ar ôl y llall, cyn saib o ugain eiliad.

Gosodwyd signal niwl tanforol yn nifer o oleudai eraill Trinity House, ynghyd â nifer o Oleudai Iwerddon, fel y Kish, sydd wedi'i leoli ryw ddeuddeg milltir oddi ar arfordir Dulyn. Byddai'r llongau paced a groesai i'r Iwerddon yn ei defnyddio ar y cyd â chloch danforol Ynys Arw fel cymorth i fordwyo Môr Iwerddon.

Profwyd problemau yn aml trwy gydol cyfnod gweithredol y gloch danforol. Defnyddiwyd deifwyr yn gyson i wneud gwaith atgyweirio angenrheidiol. Defnyddiwyd y gloch yn rheolaidd tan 1925, pan ddarganfuwyd fod y cebl pŵer mewn cyflwr truenus. Roedd angen oddeutu £1,500 i gyfnewid y cebl, ac i wneud gwaith atgyweirio ychwanegol. Ystyriodd Bwrdd y Goleudy osod Fressenden Oscillator tanforol yn lle'r gloch. Amcangyfrifwyd y byddai'r gost yn £2,500. Roedd yr oscillators hyn yn ddyfais acwstig danforol oedd yn fwy datblygedig, a alluogai llongau i yrru negeseuon a chyfathrebu â llongau eraill, er mwyn nodi lleoliad unrhyw rwystrau o dan y môr.

Fodd bynnag, nid oedd Trinity House yn barod i ddarparu symiau mawr o arian i osod technoleg a oedd eisoes wedi profi'n annibynadwy a drud i'w chynnal. Yn y cyfamser, roedd y defnydd o gyfathrebu di-wifr yn dod yn fwy cyffredin, gan gymryd lle nifer o'r systemau a ddefnyddiwyd yn flaenorol. Cysylltwyd â'r LNWR yn y gobaith y byddent yn talu'r costau atgyweirio, ond fe wrthodwyd y cais, ac felly penderfynwyd rhoi'r gorau i ddefnyddio'r gloch yn gyfan gwbl. Yn ystod mis Gorffennaf 1926, diddymwyd y cytundeb rhwng yr

ated from South Stack lighthouse, it was known as the North Stack Submarine Fog Bell. The keepers were to operate the bell in conjunction with the existing reed fog horn: no additional pay was awarded for this extra responsibility.

Less than three months after the bell was installed, the keepers reported that there were serious faults with its striking mechanism. Its frame also proved to be problematic. There was no option other than to raise the bell and its frame to the surface, and return it to the works at Liverpool for repairs. It was reinstalled in November 1910, and its character was also changed, now providing four quick strokes in succession, followed by a twenty second interval.

Many other Trinity House lighthouses were also fitted with submarine fog signals, together with several of the Irish Lighthouses, such as the Kish, which is located some twelve miles off the coast from Dublin. The packet vessels crossing to Ireland used it in conjunction with the North Stack submarine bell as an aid to navigating St George's Channel.

Throughout the operational life of the undersea bell, problems were often encountered. Divers were frequently deployed to carry out necessary repairs. The bell was in regular use until 1925, by which time it was found that the power supply cable was in a poor state of repair. An estimated £1,500 was needed for the cable's replacement, and for additional repairs. The Lighthouse Board did consider the installation of a submarine Fressenden Oscillator, instead of the bell. The proposed cost was £2,500. These oscillators were a slightly more advanced form of underwater acoustic device, enabling vessels to signal and communicate with other vessels, and to determine the location of underwater obstructions.

However, Trinity House was not prepared to provide large sums of money for the installation of a technology that had already proved unreliable and expensive to maintain. In the meantime the use of wireless communications was becoming widespread, replacing many of the previously used systems. The LNWR was approached with a view to cover the repair costs, but it refused, and it was then decided to discontinue with the bell altogether. During July 1926 the agreement between the LNWR and Trinity House was officially terminated. The bell

LNWR a Trinity House yn swyddogol. Codwyd y gloch a'i ffrâm i'r wyneb i'w harbed, ond fe adawyd y cebl i redeg o Ynys Lawd ar hyd gwely'r môr.

Ystyriodd y Trinity House osod signal goleuo di-wifr yn Ynys Lawd i gymryd ei lle. Roedd y system hon yn allyrru signal radio i helpu llongau, oedd â chyfarpar priodol i'w dderbyn, i fordwyo mewn tywydd niwlog, ac fe'i hystyriwyd yn angenrheidiol yn dilyn cael gwared â goleulong Bae Caernarfon. Fodd bynnag, ym 1928 dewisodd Trinity House Ynysoedd y Moelrhoniaid fel lleoliad mwy addas ar gyfer system o'r fath.

and its frame were raised to the surface and sal-vaged, whereas the cable was abandoned, left run-ning along the seabed from South Stack.

As a replacement, Trinity House considered the installation of a wireless beacon signal at South Stack. This was a system that emitted radio signals to assist vessels, which had the necessary receiving equipment, to navigate in foggy weather, and was deemed necessary following the withdrawal of the Caernarfon Bay lightship. However, in 1928 Trinity House chose the Skerries as a more appropriate location for such a system.

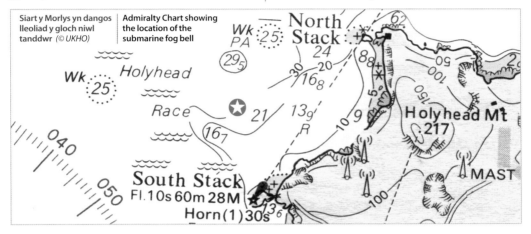

Siart y Morlys yn dangos lleoliad y gloch niwl tanddwr *(© UKHO)* | Admiralty Chart showing the location of the submarine fog bell

## Y telegraff trydanol yn dod i ben

Golau dydd oedd yn pennu oriau agor yr orsaf delegraff. Byddai'n dechrau gweithio gyda thoriad gwawr, ac yn cau hanner awr ar ôl iddi fachlud. Yn ystod 1900, gwnaethpwyd argymhellion i ddefnyddio signal nos. Rhoddodd Trinity House eu caniatâd, ac fe wnaethpwyd y profion priodol. Cyfnewidiwyd negeseuon drwy Swyddfa Bost Caergybi, gan y byddai gorsafoedd telegraff eraill y Mersey Docks & Harbour Board rhwng Caergybi a Lerpwl ar gau.

Ym 1906 gwnaethpwyd cais arall am estyniad ar dalcen gorllewinol y cartref. Byddai'r estyniad hwn yn cynnwys cegin gefn arall, ac ystafell fyw gyda'i ddrws ffrynt a'i gyntedd ei hun ar y llawr isaf. Roedd dwy ystafell wely i fyny'r grisiau, gyda lle tân bob un. Ar y dechrau, fe wrthododd Trinity House, gan y byddai'r datblygiadau yn amharu â mynediad i'w hadeiladau a'u storfeydd allanol oedd wedi'u lleoli

## The end of the electric telegraph

Opening times of the telegraphic station were set by daylight hours. It would start operating at sunrise and would close half an hour after sunset. During 1900, suggestions were made for the use of night signalling. Trinity House gave their consent, and experiments were duly carried out. As the Mersey Docks & Harbour Board's other telegraphic stations between Holyhead and Liverpool would be closed, mes-sages were relayed via the Holyhead Post Office.

In 1906 permission was again sought for an extension on the west gable of the dwelling. This extension was to include a second scullery, and a liv-ing room with its own front door and porch on the ground floor. Upstairs there were two bedrooms, each with a fireplace. At first Trinity House object-ed, as the development would interfere with access to their outhouses and stores which were located

yn union y tu ôl i'r cartrefi. Bu'n rhaid i'r MDHB gyfaddawdu ac addasu eu cynlluniau rhyw fymryn er mwyn cydsynio ag anghenion ceidwaid y goleudy.

Ym mis Ebrill 1907 derbyniwyd tendr o £417 a gyflwynwyd gan gontractwr o'r enw R J Owen. Dechreuwyd ar y gwaith yn syth. Rhoddodd Trinity House eu caniatâd hefyd i gloddio am gerrig adeiladu ychwanegol ar yr ynys. Glaniai pob deunydd arall gyda chwch o Gaergybi.

Roedd cegin gefn gyda phantri a boeler ar y llawr isaf, ynghyd ag ystafell fyw oedd â thân agored. Roedd dwy lofft ar y llawr cyntaf.

Daeth newidiadau dramatig i systemau cyfathrebu arfordir Prydain yn ystod y Rhyfel Byd Cyntaf. Yn ystod mis Chwefror 1915, dechreuodd llongau tanfor Almaenig osod gwarchae ar borthladdoedd Prydain, gan lwyddo i suddo sawl llong fasnach, ynghyd â nifer o longau teithio pobl gyffredin. Credwyd y gallai negeseuon telegraffig, yn cynnwys trosglwyddo rhagolygon y tywydd i'r llongau, gael eu cipio gan longau'r gelyn. O ganlyniad, ac er mwyn diogelwch, gorchmynnodd Arglwyddi'r Morlys y dylid cau pob gorsaf signal yn ddi-oed, yn cynnwys Ynys Lawd.

immediately behind the dwellings. The MDHB had to compromise, and slightly altered their plans in order to accord with the needs of the lighthouse keepers.

In April 1907 a tender of £417 submitted by contractor R J Owen was accepted. Work started immediately. Trinity House also gave their consent for quarrying additional building stone from the island. All other materials were landed by boat from Holyhead.

The ground floor of the extension included a scullery, with a larder and boiler, together with a living room with an open fire. On the first floor there were two bedrooms.

The First World War brought drastic changes to communication systems around Britain's coastline. During February 1915, German U-boats began to blockade British ports and succeeded in sinking many merchant vessels, together with several civilian liners. It was believed that telegraphic messages, including the transmission of weather reports to vessels, could be easily intercepted by enemy vessels. As a result, in the interests of safety the Lords of the Admiralty ordered the immediate closure of all signalling stations, including South Stack.

Paentio twr y goleudy, tua 1920
(Casgliad Teulu John Samuel Jones)

Painting the lighthouse tower, c1920
(John Samuel Jones Family Collection)

Adleoliwyd ceidwaid telegraff Ynys Lawd mewn gorsafoedd gwahanol eraill i wneud gwaith cynnal a chadw amrywiol a thasgau eraill. Safai'r cartref, a gafodd yr estyniad diweddar, yn wag. Erbyn mis Mawrth 1915, penderfynodd Arglwyddi'r Morlys y dylai'r holl orsafoedd signal aros ynghau tan ddiwedd y rhyfel.

Ni fu'r tai yn wag yn hir; arhosai peirianwyr a oedd yn ymweld â Trinity House yno am gyfnodau maith yn ystod 1916, wrth atgyweirio'r bont droed.

Yn dilyn diwedd y rhyfel ym 1918, ail-agorwyd gorsafoedd telegraffig, gydag un eithriad. Penderfynodd y Mersey Docks & Harbour Board beidio ag ail agor gorsaf Ynys Lawd. Fodd bynnag, fe agorwyd eu gorsafoedd eraill ar hyd arfordir gogledd Cymru hyd at Lerpwl, a dechreuodd Trwyn Eilian (Pwynt Lynas) wneud y gwaith telegraffig a wnaed yn wreiddiol o Ynys Lawd.

Er bod technoleg ddi-wifr wedi datblygu yn ystod y rhyfel, ystyriwyd fod ceblau telegraffig yn ddull mwy diogel o yrru negeseuon am ei bod yn anodd i'r gelyn amharu ar negeseuon telegraffig. Yn ogystal, nid oedd nifer o longau yn cario offer di-wifr, ac felly'n gorfod dibynnu ar yr hen system signal semaffor. Parhawyd felly i ddefnyddio'r telegraff ar ôl y Rhyfel Byd Cyntaf. Bu gwrthwynebiadau eang yn erbyn cau gorsaf signal Ynys Lawd—roedd y Liverpool Steamship Owners Association yn ymgyrchu i'w hail-agor, gan honni fod Ynys Lawd yn bwynt hanfodol i gyfnewid negeseuon wrth gyrraedd Lerpwl. Credai'r gymdeithas hefyd y gallai costau cynnal gweddol isel yr orsaf gael eu talu gan eu cyllid hwy a Lloyds. Roedd Lloyds hefyd yn dangos diddordeb mewn rhedeg yr orsaf i'w defnydd eu hunain, gan dalu rhent yn uniongyrchol i'r MDHB. Fodd bynnag, ni chredai'r Bwrdd fod hynny'n ymarferol, ac felly fe wrthodwyd y cynnig. Ym mis Mawrth 1920, gwrthodwyd apêl y Liverpool Steamship Owners Association yn swyddogol gan y Bwrdd, a chyhoeddwyd na fyddai'r orsaf yn ail agor. Ym mis Mai'r un flwyddyn, rhoddodd y Bwrdd y gorau i gynnal a chadw'r wifren yn Ynys Lawd. Yr un pryd, gofynnodd Trinity House am ganiatâd i beintio dros yr arwydd 'Signal Station' a oedd yn dal yn weladwy o flaen y goleudy, ac yn camarwain nifer o'r llongau oedd yn mynd heibio.

Yn ystod hanner olaf 1920, ymchwiliodd y Bwrdd i ddefnydd arall y gellid ei wneud o'u hadeiladau.

Telegraph keepers were moved from South Stack and redeployed at various other stations, undertaking routine maintenance work and other tasks. The dwelling, which had only recently been enlarged, now stood empty. By March 1915, the Lords of the Admiralty had decided that all signalling stations should remain closed until the end of the war. The dwellings did not remain empty for long; visiting Trinity House engineers stayed there during 1916 for long periods whilst carrying out repairs to the footbridge.

Following the end of the war in 1918, telegraphic signalling stations were reopened, with one exception. The Mersey Docks & Harbour Board decided against the reopening of their station at South Stack. However, their other stations along the North Wales coast leading to Liverpool did reopen and Point Lynas took over the telegraphic role originally undertaken at South Stack.

Although wireless technology had advanced during the war, telegraph cables were considered a more secure method of sending messages because it was difficult for the enemy to intercept telegraphic messages. In addition, many vessels did not carry wireless equipment and had to rely upon the old semaphore signalling system. The telegraph therefore continued in use following the end of the First World War. There were widespread objections to the closure of the South Stack signalling station—the Liverpool Steamship Owners Association, campaigning for its reopening, claimed that South Stack was a vital point for relaying messages when approaching Liverpool. The Association also believed that the station's relatively low running costs could easily be covered by the revenue generated by themselves and by Lloyd's. Furthermore, Lloyd's also showed an interest in running the station for their own use, paying a rent directly to the MDHB. However, the Board did not consider it viable, and rejected their proposition. In March 1920 the Board officially rejected the appeals by the Liverpool Steamship Owners Association and announced that the station would not reopen. In May of the same year the Board stopped maintaining the wire to South Stack. At the same time Trinity House requested permission to paint over the 'Signal Station' sign that was still visible in front of the lighthouse and was misleading a number of passing vessels.

Holwyd Trinity House gyda'r bwriad o'u rhentu fel llety i'w peirianwyr, ond roeddent yn pryderu gormod am eu cyflwr a oedd yn dirywio'n sydyn. Erbyn 1922, â'r tai mewn cyflwr gwaeth hyd yn oed, cafodd y Bwrdd bris gan gontractwr lleol i adnewyddu'r tai. Credai Trinity House fod £69 yn annigonol, ac felly roeddent yn gwrthod cydweithio. Awgrymodd Trinity House wrth y Bwrdd nad oedd dyfodol ymarferol i'r tai ac y byddai o fudd i'w dymchwel. Fe gytunodd y Bwrdd yn y pen draw, a mynd ati i chwilio am dendrau gan gontractwyr lleol eto i wneud y gwaith dymchwel.

Ym mis Hydref 1923 derbyniwyd pedwar tendr gwahanol. Cafwyd y pris isaf o £75 gan Albert Williams (a adnabyddid yn lleol ar y pryd fel Albert Castell). Fe'i argymhellwyd i'r Bwrdd fel gweithiwr cymwys a dibynadwy.

Gweithiai'r contractwyr yn gyflym. Er yr ymdrech i arbed cymaint o ddeunydd ac oedd posibl, fel y pren, y trawstiau, yr astell a'r drysau, cafwyd gwared â'r rhan fwyaf o'r adeilad cerrig dros ochr yr ynys i mewn i'r môr. Aed â'r deunydd adeiladu a arbedwyd i'w ail-ddefnyddio ar brosiectau o amgylch tref Caergybi. Ceir cofnodion fod un potyn simnai wedi ei gario i fyny'r grisiau ac ar draws mynydd Caergybi i'w ail-ddefnyddio mewn tŷ fferm o'r enw Dryll Gwlyb.

During the latter half of 1920 the Board investigated the other possible uses that could be made of their buildings. Trinity House was approached with a view to renting them as accommodation for their engineers, but they were too concerned by their quickly deteriorating condition. By 1922, and with the dwellings in an even worse condition, the Board obtained a quote from a local contractor for returning the dwelling into good repair. Trinity House thought the sum of £69 was insufficient and refused to collaborate. They suggested to the Board that there was no viable future for the dwellings and that it would be beneficial to have them demolished. Eventually they agreed, and subsequently sought tenders, again from local contractors to carry out the demolition work.

In October 1923 four quotes were received. Albert Williams (known locally at the time as Albert Castell) provided the lowest tender of £75. He was recommended to the Board as a trustworthy and competent worker.

The contractors worked quickly. Whilst an effort was made to recover as many materials as possible, such as timbers, joists, floorboards and doors, the building stone was mostly discarded over the side of the island into the sea. The reclaimed building materials were taken and undoubtedly reused in building projects in and around the town of Holyhead. There are accounts of one chimney pot being carried up the steps, across Holyhead Mountain and being reused on a small farmhouse called Dryll Gwlyb.

Fe anwyd nifer o blant ar Ynys Lawd dros y blynyddoedd. Vincent Jones oedd un, ac fe'i ganwyd ar yr ynys ar 20 Mawrth 1928. Fe'i gwelir yma gyda'i dad, Owen Jones, sef ceidwad cynorthwyol Ynys Lawd rhwng 1923 a 1928
(Casgliad Vincent Jones)

Several births took place at South Stack over the years. Amongst these was Vincent Jones, who was born in the lighthouse on 20th March 1928. He is pictured here with his father, Owen Jones, who was assistant keeper at South Stack between 1923 and 1928 (Vincent Jones Collection)

## Bywyd teuluol a cheidwaid Ynys Lawd

Gwasanaethodd John Samuel Jones, yn wreiddiol o Benmon, mewn gwahanol oleudai drwy gydol ei yrfa, a threuliodd bedair blynedd ar ddeg yn gweithio yn Ynys Lawd. Symudodd yno gyda'i deulu ifanc yn ystod y 1920au.

Treuliodd ei fab, Tom Jones, sawl blynedd yn tyfu i fyny yn y goleudy, a daeth i gael ei adnabod gan lawer yn 'Tom Stack'. Mynychai'r ysgol yn Llaingoch: cryn daith gerdded o'r goleudy. Byddai'n aros gyda theulu ffrind yn ystod y rhan fwyaf o'r tymor

## The South Stack keepers & families

John Samuel Jones, originally from Penmon, and who served at various lighthouses throughout his career, spent a total of fourteen years working at South Stack. During the 1920s he moved there with his young family.

His son, Tom Jones, spent many years growing up at the lighthouse, becoming known to many as 'Tom Stack'. He went to school at Llaingoch; a long walk from the lighthouse. For most of the school term, especially during the winter months or during

1 Charles William Edward Ball, Prif Geidwad Ynys Lawd rhwng 1929 and 1933 (Casgliad Bill O'Brien)

2 John Samuel Jones, a'i gynorthwywr Bob Humphries, yn ystod 1950 (Casgliad Teulu John Samuel Jones)

3 4 Dau lun o Tom Jones yn Ynys Lawd (Casgliad Teulu John Samuel Jones)

1 Charles William Edward Ball, Principal Keeper at South Stack between 1929 and 1933 (Bill O'Brien Collection)

2 John Samuel Jones and his assistant Bob Humphries, photographed during 1950 (John Samuel Jones Family Collection)

3 4 Two photographs of Tom Jones at South Stack (John Samuel Jones Family Collection)

ysgol, yn enwedig yn ystod misoedd y gaeaf neu dywydd garw.

Erbyn diwedd y 1920au a dechrau'r 1930au, roedd Trinity House yn ystyried a oedd hi'n addas i blant, yn enwedig plant ifanc, fyw yn Ynys Lawd. Ym 1935, cytunodd Bwrdd y goleudy yn swyddogol nad oedd yn ymarferol bellach i'r teuluoedd aros yno. Yn dilyn y penderfyniad hwn, dechreuwyd trafodaethau ffurfiol i newid enw'r goleudy o 'Gorsaf Glan Unig' i 'Gorsaf ar Graig'. Ar 1 Medi 1935, daeth Ynys Lawd i gael ei hadnabod yn swyddogol fel 'Gorsaf ar Graig', ac felly digwyddodd un o'r newidiadau sylfaenol yn hanes cymdeithasol Ynys Lawd. Am y tro cyntaf ers 1809, byddai'r ceidwaid yn byw yno heb eu teuluoedd.

Mynegwyd pryder hefyd gan Gyngor Dosbarth Trefol Caergybi ynglŷn â'r newidiadau oedd ar droed, gan ofni y byddai'r grisiau a'r bont droed yn cael eu cau, gan atal mynediad y cyhoedd. Llwyddodd Trinity House i liniaru'u hofnau, a chadarnhau y byddai mynediad i ymwelwyr yn dal yn bosibl.

Yr adeg hon hefyd, fe gliriwyd gerddi'r ceidwaid ar y tir ger Goferydd, a sefydlwyd yn ystod yr 1850au. Gwerthwyd y tir, ac adeiladwyd bwthyn o'r enw Haul a Gwynt yno.

Derbyniodd y ceidwaid a'u teuluoedd dri mis o rybudd cyn i'r newidiadau ddigwydd, a roddai amser iddynt ddod o hyd i lety arall yng Nghaergybi. Cawsant hefyd lwfans tuag at gostau prynu neu rentu tŷ addas. Tynnwyd Ynys Lawd oddi ar y rhestr o oleudai ble roedd grant addysgiadol ar gael i blant y ceidwaid. Symudodd John Samuel Jones, a fu'n gweithio yno ar sawl achlysur, i fyw yn Ffordd Tan y Bryn yng Nghaergybi, a gweithiodd ar shifftiau misol. Fe ymddeolodd o Ynys Lawd a'r gwasanaeth goleudy ym 1950.

O'r cyfnod hwn ymlaen, byddai'r ceidwaid yn gweithio ar system shifftiau, fel y rhai oedd eisoes yn gweithio ar y goleudai ar graig anghysbell. Byddent yn gweithio am fis, cyn cael mis o wyliau. Byddai'r dyddiad rhyddhau ar ddiwrnod cyntaf pob mis ar y calendr. Gan fod Ynys Lawd wedi'i chysylltu â'r tir mawr, roedd gan y ceidwaid hefyd hawl i gael un diwrnod o wyliau'r wythnos yn ystod oriau golau dydd, os nad oedd y tywydd yn rhy arw, ac os byddai'r prif ddyletswyddau wrth weithio'r golau yn cael eu cynnal. Dim ond cyflenwad ar gyfer ychydig ddyddiau oedd ei angen yno, yn wahanol i orsafoedd

inclement weather, he lodged with a friend's family.

By the end of the 1920s and into the early 1930s, Trinity House were considering whether it was safe for families, especially those with young children, to reside at South Stack. In 1935 the Lighthouse Board officially agreed that it was no longer viable for the families to remain. Following this decision they formally began negotiations to change the lighthouse's designation from an 'isolated shore station' to a 'rock station'. Finally, on 1st September 1935, South Stack officially became known as a 'rock station', and one the most fundamental changes in the social history of the South Stack occurred. For the first time since 1809, keepers were to reside there without their families.

Holyhead Urban District Council also expressed concern regarding the impending changes, worrying that the steps and footbridge would be closed, ending all public access. Trinity House were able to alley their fears, and duly confirmed that visitors would still be permitted.

It was also at this time that the keepers' gardens on the land near Goferydd, originally established during the 1850s, were discontinued. The land was sold and a cottage, called Haul a Gwynt, was built.

Keepers and their families received three months prior notice to the planned changes, allowing them time to find alternative accommodation in Holyhead. In addition, they were provided with an allowance towards the cost of buying or renting a suitable property. South Stack was also removed from the list of those lighthouses where an educational grant was available for the keepers' children. John Samuel Jones, who had been stationed there on several occasions, moved to live in Tan y Bryn Road in Holyhead, and worked on a monthly shift basis. He was to retire from South Stack, and indeed the lighthouse service in 1950.

From this period onwards, keepers would work a shift system, similar to those already in operation on the remote rock lighthouses. They would work for a month, and then have a month off. The monthly relief date was set as the first day of every calendar month. As South Stack was linked to the mainland, keepers were also allowed one day of leave each week during the hours of daylight, as long as the weather was not inclement, and as long as their main duties in operating the light were maintained.

eraill a oedd ar graig, ble roedd rhaid i'r ceidwaid gadw stoc am o leiaf mis cyn cael cyflenwad newydd.

Yn ogystal â'r newidiadau oedd yn digwydd i fywyd teuluol a chymdeithasol ar Ynys Lawd, fe welwyd newidiadau sylweddol i'r goleudy ei hun yn ystod canol y 1930au. Yn ystod mis Awst 1935 cymerwyd camau i drawsnewid yr orsaf yn un drydanol. Er bod trydan wedi cael ei ddefnyddio fel dull goleuo yn yr 1860au cynnar, lampau olew oedd yn cael eu defnyddio'n gyffredinol yng ngoleudai Trinity House.

Cyflwynwyd cynlluniau i ail-lunio'r adeiladau oedd yn bodoli eisoes, ynghyd â gwelliannau i'r signal niwl, i Fwrdd y Goleudy fel rhan o'r rhaglen gyfoesi. Cynigwyd y dylid gosod system diaphone newydd i gymryd lle'r hen gorn niwl, a dyrannwyd swm o £12,000 er mwyn talu amdano. Dyrannwyd £6,000 arall er mwyn trawsnewid yr orsaf i gael pŵer trydanol.

They only required a few days supplies at a time, unlike other rock stations where keepers required stocks for at least a month—until their relief arrived.

In addition to the changes occurring to the social and family life at South Stack, the mid 1930s also saw considerable changes to the lighthouse itself. During August 1935 steps were taken to convert the station to electric operation. Although electricity had been used as a means of illumination in the early 1860s, oil lamps were still in general use in the lighthouses of Trinity House.

Drawings for the reconstruction of the existing buildings, together with improvements to the fog signal house were also submitted to the lighthouse Board as part of the modernisation programme. It was proposed that a new diaphone system would be installed to replace the ageing reed fog horn, and a sum of £12,000 was allocated to cover its cost. Another £6,000 was allocated for the conversion to electric power.

**TÎM AIL ADEILADU YNYS LAWD, 1937**     **THE TEAM THAT REBUILT SOUTH STACK, 1937**

*Rhes ôl    Back row*
Dafydd Williams (Llangaffo);  Owen Lloyd (Fali/Valley);  Meredith Griffiths (Llanfairfechan);  Bob Williams (Fferam);
Maldwyn Roberts (Caergybi);  Ted Howard (Stafford);  Robert Owen (Llanddona);  George Draper (Conwy);  Will Owen (Llanfaethlu)

*Ail res    Second row*
Tommy Owen + Wil Owen (Trearddur);
Will Hughes,  Will Griffiths,  Johnny Murphy,  Charlie Roberts,  Bill Sharp,  Bill Hodgson  (Caergybi/Holyhead).

*Rhes flaen    Front row*
Bert Bailey (Caergybi/Holyhead);  Tommy Owen (Llanfairfechan);  Archie ?;  Mr Homer, Clerk of Works;  Bob Cross (Llanddona);
Tommy Edwards (Caergybi);  Bert Sadelow (Awstralia/Australia);  Will Parry (Caergybi/Holyhead)

( *Y Rhwyd*, 1984 )

Er mawr siom i Gyngor Dosbarth Trefol Caergybi, cyhoeddodd Trinity House yn ffurfiol y byddai Ynys Lawd ar gau i ymwelwyr o'r 3 Rhagfyr 1935 ymlaen, tra oedd y gwaith datblygu'n digwydd. Roedd rhaid i Trinity House ddarparu golau a signal niwl dros dro i'r morwyr yn ystod cyfnod y trawsnewid.

Erbyn mis Mehefin 1936, roedd y gwaith wedi hen ddechrau. Arddangoswyd y diaphone dwy-dôn a gomisiynwyd ar gyfer Ynys Lawd gan y Chance Brothers yn eu gweithdy yn Smethwick, Birmingham. Roedd yn gweithio gyda dwy injan ddisel Blackstone, sef y dewis rhataf a'r mwyaf dibynnol. Cawsant eu lleoli yn yr ystafell injan newydd o fewn adeilad y goleudy. Roeddent yn cynhyrchu aer wedi'i gywasgu, a bwmpiwyd ar hyd pibellau tanddaearol cyn eu storio mewn tanciau haearn bwrw oedd yn dal aer ar wasgedd o 12 pwys i bob modfedd sgwâr. Pan oedd angen signal, byddai'r aer yn cael ei basio drwy'r diaphone a gynhyrchai sŵn griddfan isel arbennig. Defnyddiwyd yr un patrwm â'r gwreiddiol: un chwythiad o ddwy eiliad a hanner, cyn tawelwch am 45 eiliad.

Cafwyd gwared â'r llawr cyntaf yn nhŵr y goleudy yn ystod y cyfnod hwn. Gyda llaw, gellir gweld tameidiau o'r lloriau llechi y tu allan i'r prif gartref hyd heddiw, wedi'u hailgylchu a'u hymgorffori i'r palmant. Mae eu hochrau crwm yn arwydd o'u pwrpas gwreiddiol.

Addaswyd y cartrefi'n sylweddol, hefyd. Newidiwyd talcen y to, a thrawsnewidiwyd cyn gartref y

To the dismay of the Holyhead Urban District Council, Trinity House formally announced that South Stack would be closed to visitors from 3rd December 1935 whilst the development work was undertaken. Trinity House had to provide mariners with a temporary light and fog signal during the period of conversion.

By June 1936 work was well under way. The two-tone diaphone system commissioned for South Stack was first demonstrated by the Chance Brothers at their works in Smethwick, Birmingham. It was operated by two Blackstone diesel engines, which were the cheapest and more reliable option. They were located in the new engine room within the lighthouse dwelling. They produced compressed air, which was pumped along underground pipes and then stored in large cast-iron air holding tanks at a pressure of 12 pounds per square inch. When the signal was required the air was passed through the diaphone which produced the distinct low grunt. The signal retained its original character; one blast of two and a half seconds followed by a silence of 45 seconds.

The first floor in the lighthouse tower was also removed during this period. (The slate flooring pieces can currently be seen outside of the main dwelling building; recycled and incorporated into the paved area. Their curved edges are an indication of their original purpose.)

The dwellings were also considerably altered.

ceidwaid wrth y twr yn ystafell injan, ble lleolwyd y peiriannau Blackstone ar gyfer y signal niwl, a'r trydan ar gyfer cynhyrchu'r prif olau. Cafodd cyfleusterau'r cartrefi eu gwella'n sylweddol, hefyd. Gosodwyd toiledau y tu mewn, a bath i'r ceidwaid. Rhoddwyd ffôn hefyd yn llety'r ceidwaid.

Gorffennwyd y gwaith o'r diwedd erbyn mis Mawrth 1938, a gweithredwyd y diaphone newydd am y tro cyntaf am hanner nos ar 13 Mawrth fel y cytunwyd wrth hysbysebu'r morwyr. Mesurwyd cryfder y golau trydan newydd yn ddwy filiwn nerth cannwyll, a oedd yn well o lawer na'r llosgwr anwedd paraffin blaenorol. Gweithredu'r golau oedd unig bwrpas y cynhyrchwyr trydan. Doedd dim cyflenwad i'r cartref; cynnal cymorth mordwyo oedd y flaenoriaeth.

Yn ystod mis Gorffennaf 1938, cyhoeddodd Trinity House y byddai Ynys Lawd yn ail-agor i ymwelwyr unwaith eto: newyddion a oedd wrth fodd Cyngor Dosbarth Trefol Caergybi.

Daeth dechrau'r Ail Ryfel Byd â newidiadau i wasanaeth y goleudy, ac i Ynys Lawd. Mewn ymdrech i amharu ar gysylltiadau trawsgludo arfordirol cynghreiriol, cafwyd sawl ymosodiad uniongyrchol gan y Luftwaffe Almaenig ar oleudai Prydain. Roedd y rhain yn cynnwys ymosodiadau ar oleudai Eddystone a Wolf Rock, a ddioddefodd ddifrod i'w lanternau a'u optics, ynghyd ag ymosodiadau ar oleulongau oedd wedi'u hangori ar draws yr arfordir.

The hip roof was replaced, and the old keepers' dwelling nearest the tower was converted into an engine room, where the Blackstone engines for the fog signal and for the generation of the electricity for the main light were located. Domestic facilities were also much improved. Indoor water flushed toilets were installed, and keepers were also provided with baths. A telephone was also provided within the keepers' accommodation.

Work was eventually completed by the beginning of March 1938, and the new diaphone was officially operated for the first time at midnight on 13th March in accordance with the notice to mariners. The intensity of the new electric light was rated at two million candle power, a vast improvement over the previous paraffin vapour burner. The sole purpose of the electric generators was for the operation of the light. There was no domestic supply to the dwellings; maintaining an aid to navigation was the priority.

During July 1938, much to the delight of the Holyhead Urban District Council, Trinity House announced that once again South Stack was to reopen to visitors.

The outbreak of the Second World War brought changes to the lighthouse service, and to South Stack. In a bid to disrupt allied coastal transportation links, the German Luftwaffe were to stage several direct attacks upon British lighthouses. These

2

1 Peiriannau Blackstones Ynys Lawd a osodwyd yn ystod 1838 *(Casgliad Teulu John Samuel Jones)*

2 Llun o'r awyr a dynnwyd ar 27 Gorffennaf 1942 gan Ken Regan tra roedd ar ymarfer gyda'r Llu Awyr. Mae'n dangos yn glir cynllun cuddliw amser rhyfel y goleudy *(Casgliadau Chris Regan)*

1 The South Stack Blackstone engines, which were installed in 1938 *(John Samuel Jones Family Collection)*

2 An aerial photograph of South Stack taken on 27 July 1942 by Ken Regan during an RAF training exercise. It clearly shows the lighthouse's war time paint scheme *(Chris Regan Collections)*

Yn wir, ar ôl colli aelodau o'u criw, gosodwyd gynnau peiriant yn rhai o'r goleulongau llonydd mewn ymgais i'w gwarchod rhag ymosodiadau gan y gelyn. Gorfodwyd Trinity House i ddiffodd y goleuadau a thawelu'r signal niwl yn y pen draw, mewn cytundeb â chyfarwyddyd o'r Morlys.

Difrodwyd nifer o adeiladau o eiddo Trinity House hefyd yn ystod cyrchoedd bomio'r gelyn. Roedd y rhain yn cynnwys Trinity House yn Tower Hill, Llundain, a'r 'depo' yn Great Yarmouth. Yn wir, bu Trinity House yn helpu'r ymdrechion rhyfel yn yr ardaloedd oedd yn cael eu bomio'n ddrwg, drwy ddefnyddio rhai o'u signalau niwl i rybuddio am gyrchoedd awyr.

Yn ystod 1941, sefydlodd y RAF ganolfan awyr-

included attacks to the Eddystone and Wolf Rock Lighthouses, which suffered damage to their lanterns and optics, together with attacks to light vessels that were moored along the coast. Indeed, having lost members of crew, some of these fixed light vessels were fitted with machine guns in a bid to ward off enemy attacks. Eventually, and in accordance with directives from the Admiralty, Trinity House were forced to extinguish lights and silence fog signals.

Several properties belonging to Trinity House were also severely damaged during enemy bombing raids. These included Trinity House at Tower Hill in London, and the depot at Great Yarmouth. Indeed, Trinity House stepped in to help in the war effort in these heavily bombed areas by using some of their fog signals as air raid warnings.

During 1941 the Royal Air Force established a fighter base on Anglesey at Valley, in an attempt to intercept enemy bombers as they flew northwards up the Irish Sea heading for Liverpool. Part of the radar station was located on the mountain overlooking South Stack. The area became sensitive in terms of defence, and South Stack was ordered out of bounds to all unofficial visitors.

By 1943 enemy bombing activity was much reduced, and the fighter squadrons at RAF Valley were removed. The airbase then became a transportation post for the United States Air Force. With this decrease in enemy activity, the Admiralty requested that Trinity House display an intermittent light from South Stack, as an aid to navigation. A full flash every fifteen minutes was subsequently displayed. Following the end of the war, the RAF, which had worked closely with Trinity House, issued a notice that public access would once again be resumed.

ennau rhyfel ar Ynys Môn yn Y Fali, mewn ymgais i atal awyrennau bomio'r gelyn wrth iddynt hedfan i'r gogledd i fyny Môr Iwerddon wrth anelu am Lerpwl. Roedd rhan o orsaf radar y RAF wedi'i lleoli ar y mynydd yn edrych dros Ynys Lawd. Daeth yr ardal yn sensitif yn nhermau amddiffyn, a gorchmynnwyd cau Ynys Lawd i unrhyw ymwelydd answyddogol.

Erbyn 1943 roedd llai o lawer o fomio gan y gelyn, a chafwyd gwared â'r sgwadronau rhyfel o'r RAF yn Y Fali. Newidiodd y ganolfan awyr yn orsaf drawsgludo i'r USAF ('United States Air Force'). Gyda'r lleihad yma yng ngweithgarwch y gelyn, gorchmynnodd y Morlys fod Trinity House yn arddangos golau ysbeidiol o Ynys Lawd fel cymorth mordwyo. Ac felly arddangoswyd fflach gyflawn bob chwarter awr. Yn dilyn diwedd y rhyfel, cyhoeddodd y RAF, oedd wedi gweithio'n agos gyda Trinity House, y byddai hawl i'r cyhoedd ymweld ag Ynys Lawd unwaith eto.

4

---

1 Panel dosbarthu trydanol Ynys Lawd, 1950au
(Casgliad Teulu John Samuel Jones)

2 Cecil Trezise, Prif Geidwad Ynys Lawd yn ystod y 1950au
Casgliad Bill O'Brien)

3 Jack Maybourne (ail o'r chwith) gyda'i deulu a chyd weithwyr yn Ynys Lawd yn ystod Gorffennaf 1954 (Casgliad JC Davies)

4 Ynys Lawd ar ôl diwedd yr Ail Ryfel Byd
(E Emrys Jones, Bae Colwyn)

5 Bill O'Brien, Cecil Trezice a Simon Reynolds yn mwynhau te yn Ynys Lawd yn ystod y 1950au (Casgliad Bill O'Brien)

1 Electrical distribution panel, South Stack, 1950s
(John Samuel Jones Family Collection)

2 Cecil Trezise, Principal Keeper at South Stack during the 1950s
(Bill O'Brien Collection)

3 Jack Maybourne (second from left) with family and colleagues at South Stack during July 1954 (JC Davies Collection)

4 South Stack following the end of the Second World War
(E Emrys Jones, Colwyn Bay)

5 Bill O'Brien, Cecil Trezise and Simon Reynolds enjoying a break at South Stack during the 1950s (Bill O'Brien Collection)

5

1

MAKERS
HEAD WRIGHTSON
STOCKTON LTD.

2

3

# Y 1960au
## — a chyflenwad trydan newydd

Defnyddiwyd y bont grog wreiddiol yn gyson hyd ddechrau'r 1960au, pan dybiwyd nad oedd hi bellach yn addas. Yn ystod 1963, cynlluniwyd pont alwminiwm newydd gan y cwmni cynhyrchu Head Wrightson Stockton Limited o Stockton upon Tees. Derbyniodd Trinity House eu tendr o £6,225 am y gwaith ar y bont droed newydd hon, o gynllun trawst hunangynhaliol.

Roedd wedi'i hadeiladu o fewn strwythur yr hen bont grog, a gafodd ei datgymalu'n raddol wrth i'r gwaith fynd yn ei flaen. Er bod y bont newydd yn well o ran mynediad a chynnal a chadw, nid oedd cynllun y bont cyn hardded â'r un flaenorol.

Bu'r 1960au yn gyfnod prysur yn Ynys Lawd, gyda nifer o newidiadau eraill. Gweithiodd Manweb (Merseyside & North Wales Electricity Board) gyda Trinity House i osod cyflenwad trydan mêns yno. Bu'n brosiect anodd, gan fod rhaid gosod polion

# The 1960s
## — and a new electricity supply

The original suspension bridge was used continuously until the early 1960s, when it was no longer deemed serviceable. A new aluminium bridge was planned during 1963, by the manufacturing company Head Wrightson Stockton Limited of Stockton-on-Tees. Their tender of £6,225 was accepted by Trinity House, and work on this new footbridge, which was of a self supporting truss design.

It was built within the structure of the old suspension bridge, which was then slowly dismantled as work progressed. Although an improvement in terms of access and maintenance, the design of the new bridge was certainly not as elegant as the one it replaced.

The 1960s proved to be a busy period at South Stack, with many more changes taking place. Manweb (Merseyside & North Wales Electricity

4

1 Gweithwyr yn dymchwel pont grog y Capten Hugh Evans, 1962 *(Casgliad Burrows, Gwasanaeth Archifau Ynys Môn)*

2  3  Pont trysiad alwminiwm 1963

4 Tîm Manweb yn gwneud defnydd o'r craen yn Ynys Lawd, 1963. Fe welir *THV Argus* yn y cefndir.

1 **Workers dismantling Captain Hugh Evans's footbridge in 1962** *(Burrows Collection, Anglesey Archives Service)*

2  3  **1963 Aluminium truss bridge**

4 **Manweb workers making use of the crane at South Stack, 1963. The *THV Argus* can be seen in the background.**

## Achubiaeth!

**Bu Gordon Medlicott yn gweithio fel ceidwad Goleudy Ynys Lawd yn ystod ail hanner y 1970au.**

Yn ystod mis Ionawr 1980, ar ei ddiwrnod cyntaf yn ôl yn dilyn cyfnod o amser i ffwrdd, fe ruthrodd dau fachgen ifanc tuag at ddrws y goleudy mewn panig. Roeddynt yn rhan o grŵp o blant a oedd yn dringo ar yr ynys greigiog. Roedd eu harweinydd, Lindsay Griffin, wedi disgyn 50 troedfedd oddi ar y clogwyn, ac wedi torri ei belfis. Fe ddringodd Gordon Medlicott i lawr i'r man lle gorweddai'r dyn, ac fe'i daliodd yno tra galwodd ei gyd-weithiwr y gwasanaethau brys. Fe ddaliodd y ceidwad dewr afael ar y dyn am 45 munud, mewn dŵr môr oer a oedd yn araf yn codi o'u hamgylch. Fe ddaeth hofrennydd y Llu Awyr i'w achub, tra achubwyd Gordon gan dîm achub clogwyn Gwylwyr y Glannau.

Tair wythnos i'r diwrnod wedi'r digwyddiad hyn, roedd dringwyr eraill angen help ceidwaid Goleudy Ynys Lawd. Roedd un o grŵp o athrawon a oedd ar gwrs dysgu dringo wedi ei olchi oddi ar greigiau Ynys Lawd i'r môr. Eto fu'n rhaid i Gordon Medlicott a'i gyd-weithwyr Dennis Flintstone a George Carthew fynd i'w helpu. Erbyn yr oeddynt wedi cyrraedd gwaelod y clogwyn, roedd y grŵp i gyd wedi eu golchi oddi ar y creigiau gan don enfawr. Gyda thywyllwch yn cau i mewn, fe gyrhaeddodd hofrennydd y Llu Awyr, ac fe achubwyd y dringwyr cyntaf. Fe achubwyd gweddill y grŵp gan geidwaid y goleudy. Yn anffodus, yn dilyn archwiliad eang, ni chafwyd o hyd i arweinydd y grŵp, sef y dringwr profiadol John Cunningham, ac roedd yn rhaid galw'r achubiaeth i ffwrdd.

Ar gyfer y ddau ddigwyddiad, fe gymeradwywyd Gordon Medlicott a'i gyd weithwyr am eu dewrder.

## To the rescue!

**Gordon Medlicott served at South Stack from 1976 to 1983.**

During January 1980, whilst on his first day back on duty after a period of leave, two boys approached the door of the lighthouse in a panic. They were part of a group of Birmingham school children climbing on the rocky island. Their instructor, Lindsay Griffin, had slipped and fallen 50 feet and broken his pelvis. Gordon Medlicott climbed down to where the instructor lay and supported him whilst his colleague at the lighthouse called for the emergency services. The brave lighthouse keeper held onto the injured man for 45 minutes, semi submerged in the cold rising seawater. Mr Griffin was air lifted out by Rescue Helicopter while Gordon was brought up the cliff on a rope by the Coastguard Cliff Rescue team.

Three weeks to the day, another climbing accident called for the assistance of the South Stack keepers. One of a group of teachers on an outward bound climbing course had been swept off the rocks near the lighthouse by a heavy sea swell. Another of the climbers had started to swim out with a rope in an attempt to rescue his friend but had to be hauled back due to exhaustion. Gordon Medlicott, and his colleagues Dennis Flintstone and George Carthew went to assist, but by the time they had scrambled down the cliffs the rest of the party had been washed off the rock by a sudden wave. With darkness approaching an RAF helicopter arrived and rescued the first climber from the sea, while the others were retrieved by the keepers. Sadly the leader of the party, the experienced climber John Cunningham, could not be found, and despite an extensive search for him it had to be abandoned.

For both incidents, Gordon Medlicott and his fellow keepers were commended for their bravery.

## Second dramatic sea rescue by lighthouse keeper

A LIGHTHOUSE keeper from Litherland hit the headlines twice last month, with two dramatic cliff and sea rescues. He is Gordon Medlicott, 37, from Bark Road, a senior assistant keeper for 13 years, at present based at a lighthouse on the South Stacks, Holyhead.

Gordon, who now lives with his Litherland-bred wife Louise and his family in Wigan, described the latest rescue, which took place last week:

"The alarm was raised about 4.50 p.m. by a climber coming up towards the lighthouse, to say that one of his colleagues was in the water. The principal keeper raised the alarm with the rescue services, and went out to assess the situation. A colleague, Mr. Dennis Flintstone, was keeping an eye on the man in the water, watching his position so we wouldn't lose him.

"Myself and another colleague, George Carthew, went down to the sea. Another of the climbers started to swim out to the man in the sea, but through exhaustion could not make it, and had to be hauled back on his rope. Meanwhile, another man on the rocks was washed off into the sea, so by the time I got down there, there was one man in the sea and another in the sea on a rope."

After climbing down the slippery rock face, the two keepers managed to reach one of the climbers, while a helicopter picked up the first man in the sea. The second man, swept off the rocks into the sea by a sudden wave, could not be found, and the search was later called off.

Just three weeks to the day before this accident, Gordon made another dramatic rescue.

An instructor accompanying six 14-year-old children was climbing the stack when he slipped. The children hung on to him as best they could, but he had broken his pelvis. Gordon got down the cliff to him, and stood in the water supporting him for 45 minutes, while the incoming tide beat about them.

He kept him out of the water until the rescue helicopter came and rushed the injured man to Bangor Hospital. Gordon was left to make his own way back up the 130 foot rock face, with freezing wind and rain lashing his already numb and soaked body.

**PROUD**

His wife Louise, who was Gordon's "girl next door" in Bark Road, and childhood sweetheart, feels very proud: "It frightened the life out of me — he rang me as soon as he could after coming out of hospital, where he was given a check-up. He is an extremely brave person, and I am very proud of him." she said.

It is often said that a lighthouse keeper has the loneliest job in the world — but Gordon Medlicott disagrees.

A merchant seaman after leaving school, he found lighthouse work the ideal way to be close to his two loves — his wife and the sea.

He works 28 days on and 28 days off and has been at Holyhead for five years. His previous locations have been the Bristol Channel area, the Channel Islands, Devon and the island of Coquet, off the north-east coast.

But does he get lonely?

"There are three of us on every station, and we live in each other's pockets. Loneliness is a state of mind — how many lonely people are there in Bootle or Liverpool?" he asked.

"It is only when something like this happens that people realise we exist. The service is being run down, taken over by automation. But had this lighthouse been automatically operated, all might have been lost. It is about time people realised we are here, and we are doing a job."

**Mr. Gordon Medlicott, Litherland's life-saving lighthouse keeper.**

trydanol yn y ddaear garegog ac ar ochr y graig. Gallai'r ceidwaid fanteisio ar gael trydan yn eu cartref unwaith y byddai'r cyflenwad yn barod.

Gyda phrif gyflenwad trydan, gellid gosod sawl offer arall. Yn ystod 1962, cynigwyd cais am gorn niwl trydan amledd triphlyg newydd. Ar ôl cael caniatâd gan y Bwrdd, codwyd tŷ signal newydd wedi'i adeiladu â brics o flaen y twr. Y prif gontractwr ar gyfer y gwaith oedd Thomas Jones o Landudno. Roedd ganddo brofiad blaenorol o weithio gyda Trinity House, gan mai ef adeiladodd y signal niwl trydan yn Ynys Arw, pan aeth yn awtomatig yn 1958.

Dechreuwyd defnyddio'r signal niwl trydanol newydd yn Ynys Lawd am hanner dydd ar 1 Hydref 1964. Wedi hynny, gosodwyd datblygiad newydd, sef y canfyddwr niwl awtomatig. Nid cyfrifoldeb y ceidwaid oedd rheoli'r signal niwl ar ôl hynny.

Roedd Trinity House wedi archwilio'r posibilrwydd o ddefnyddio hofrenyddion er mwyn ychwanegu at eu llynges fawr o dendrau a llongau cynorthwyol am y tro cyntaf ym 1947. Yn ystod y 1950au gosodwyd llain glanio mewn sawl goleudy. Dyma un o nifer o newidiadau a gyflwynwyd yn ystod y blynyddoedd ar ôl y rhyfel a drawsnewidiodd y gwasanaeth yn sylfaenol. Fodd bynnag, ni

Board) engineers worked with Trinity House to install a mains electricity supply. The project proved difficult, with electricity poles having to be set in the rocky ground, and also on the cliff edge. Once the supply was ready, keepers could enjoy the benefits of an electricity supply to the dwelling.

Mains electricity allowed many new instruments to be installed. During 1962 a new triple frequency electric fog horn was proposed. Following approval by the Board, a new signal house, constructed of brick, was built in front of the tower. The main contractor for the work was Thomas Jones from Llandudno. He had previous experience of working with Trinity House, as he had built the electric fog signal house at North Stack, following its automation in 1958.

The new South Stack electric fog signal became operational at midday on 1st October 1964. A newly developed automatic fog detector was installed afterwards. From this point onwards keepers no longer had the responsibility of operating the fog signal.

Trinity House had first investigated the use of helicopters to supplement their large fleet of tenders and support vessels during 1947. During the 1950s helicopter landing pads were installed at several

**TÎM MANWEB YNYS LAWD, 1963    MANWEB'S SOUTH STACK TEAM, 1963**

*Chwith i'r de    Left to right*

Ken Herbert,　J Roberts,　W Jones,　Lewis Hughes,　T Roberts,　E Roberts,　D Davies,　J Etchells

(Cylchgrawn *Contact*, Chwefror 1964)    (*Contact* magazine, February 1964)

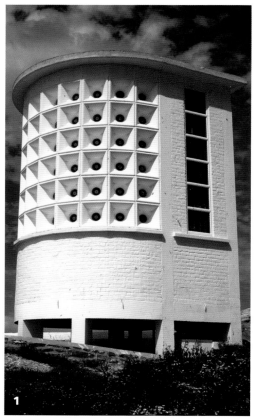

1 Signal niwl trydanol, 1964 *(Casgliadau Oriel Ynys Môn)*

2 Y tu fewn i'r signal niwl trydanol *(Casgliad Oriel Ynys Môn)*

3 Man glanio'r cwmni Bristow Helicopters yng Nghaergybi, 1970au *(Casgliad Bill O'Brien)*

4 Patrick Murphy a'i gyd-weithiwr ar yr hofrennydd yn ystod y 1970au *(Casgliadau Lynne Murphy)*

1 Electrical fog signal, 1964 *(Oriel Ynys Môn Collections)*

2 The interior of the electrical fog signal *(Oriel Ynys Môn Collections)*

3 Bristow Helicopters landing pad at Holyhead, 1970s *(Bill O'Brien Collection)*

4 Patrick Murphy and a colleague aboard the helicopter during the 1970s *(Lynne Murphy Collections)*

ddefnyddiwyd hofrenyddion o'r depo yng Nghaergybi tan ddechrau'r 1970au. Bristow Helicopters Limited enillodd y cytundeb gan Trinity House, gan ddechrau cario personél, deunyddiau a bwydydd i Ynysoedd y Moelrhoniaid a goleudy Ynys Enlli mewn hofrenyddion Westland Wessex. Yn fuan wedyn, ataliwyd gweithredu o Gaergybi gan yr Awdurdod Hedfan Sifil am fod cloddiau gwair wedi eu codi drws nesaf i'r llain glanio, a allai greu problemau wrth lanio mewn argyfwng. Trosglwyddwyd y gwaith rheoli felly i RAF Y Fali.

Ym 1979 adeiladwyd llain glanio hofrennydd yn Ynys Lawd ar safle'r hen dŷ signal niwl. Bu'n rhaid dymchwel y wal oedd yn amgylchynu gardd y trydydd ceidwad, er mwyn cael lle i'r llafnau rotor, ac i leihau maint y drafft a chwyrliai i fyny ac a allai wneud ymgais i lanio yn anodd. Dosbarthwyd yr holl gyflenwadau wedi hynny o'r awyr, yn cynnwys dŵr ffres. O ganlyniad, roedd glanfa'r cychod yn ddiangen. Cafwyd gwared â'r winsh ac ni ddefnyddiwyd y llwyfan glanio.

lighthouses. This was one of the many changes that were introduced during the post-war years that radically transformed the service. However, it was not until the early 1970s that helicopters were used from the Holyhead depot. Bristow Helicopters Limited won the contract from Trinity House, and started carrying personnel, materials and provisions to the Skerries in Westland Wessex helicopters. Soon afterwards, the Civil Aviation Authority halted operations from Holyhead due to the raised grass banks next to the landing pad, which could pose problems in the event of an emergency landing. Operations were subsequently transferred to RAF Valley.

In 1979 a helicopter landing pad was built at South Stack, on the site of the old fog signal house. The wall surrounding the third keepers' garden had to be demolished, to provide clearance for the rotor blades, and also to reduce the amount of updraft which could make an approach to land difficult. All supplies were then delivered by air, including fresh water. This change made the boat landing redundant. The winch was removed and the landing stage became disused.

**STAFF MANWEB AR ÔL IDDYNT OSOD TRAWSNEWIDIWR TRYDANOL NEWYDD YN YNYS LAWD YN YSTOD 1981**
**MANWEB STAFF AFTER THE INSTALLATION OF A NEW TRANSFORMER AT SOUTH STACK DURING 1981**

*O'r chwith    Left to right*
Andrew Hughes,   Percy Morris,   Alun Rowlands,   Jim Evans,   Richard Thomas,   William Owen,   John Ellis Pritchard

*Ar ei ben-glin    Kneeling*
Griff Stephen

(Cylchgrawn *Contact*, 1981)      (*Contact* magazine, 1981)

1 Y golau argyfwng presennol
*(Casgliadau Oriel Ynys Môn)*

2 Y lamp 1000 wat a ddefnyddiwyd cyn
moderneiddio'r goleudy yn 2000
*(Casgliadau Oriel Ynys Môn)*

3 Patrick Goodwin Nicholas Murphy (1925-
2002) wedi iddo dderbyn ei fedal BEM ym
Mehefin 1986. Fe ymunodd a'r gwasanaeth
goleudai yn 17 oed ym 1942

1 The current emergency light
*(Oriel Ynys Môn Collections)*

2 The 1000 watt lamp that was used before
the modernisation of the lighthouse in 2000
*(Oriel Ynys Môn Collections)*

3 Patrick Goodwin Nicholas Murphy (1925-
2002) after he was awarded the BEM in June
1986. He had joined the lighthouse service
aged 17 in 1942

## Falf-Haul Dalén

Yn 1909, fe ddyfeisiodd Gustav Dalén y
Falf- Haul. Fe gynhyrchodd ei gwmni
AGA, y ddyfais hon oedd yn gallu rheoli
llif y nwy asetylen yn osododd Trinity
House y system hwn yn osododd Trinity
House y system hwn yn otomatig. Fe
osododd Trinity House y system hwn yn
ei oleudai ac ar fwiau. Roedd tiwb du di-
sglein yn y canol yn cael ei ddal yn gryf
ym mhen yr uned. Pan roddid peledrau
haul trwyddo, roedd yn chwyddo tuag i
lawr gan gau falf oedd yn ei waelod, ac y
diffod y llif o nwy i'r lamp.

## Dalén's Sun Valve

In 1909 Gustaf Dalén invented the Sun
Valve, a device that could automatically
control the flow of acetylene gas. The
ingenious device, manufactured by his
AGA company, was installed in a number
of lighthouses and buoys, allowing their
lamps to be automatically switched on
at dusk. The vital component was a black
metal rod, which was suspended
vertically and connected to the gas
supply. As it absorbed infra-red rays, the
rod expanded downwards, cutting off
the gas during the day.

## Awtomatiaeth

Mae hanes goleudy Ynys Lawd wedi bod yn un datblygiad parhaol—sy'n adlewyrchiad o'r newidiadau i offer goleudy arbenigol sydd wedi eu cyflwyno gan arbenigwyr a pheirianwyr dros y ddwy ganrif ddiwethaf.

Wrth i bob manylyn technolegol gael ei gyflwyno, deuai gwaith y ceidwaid yn haws. Roedd un lamp olew yn llawer haws i'w chynnal mewn cyfnod shifft nac un ar hugain o lampau olew ac adlewyrchyddion, ac fe wellodd pethau eto gyda dyfodiad y lamp oleudy trydanol. Roedd dyfeisiadau eraill a gyflwynwyd yn rhan olaf yr ugeinfed ganrif, fel y canfyddwr niwl awtomatig, yn dileu cyfrifoldeb y ceidwad o orfod cadw llygaid ar y tywydd. Roedd datblygiadau technolegol yn prysur ddisodli rôl ceidwad y goleudy.

Dechreuodd peirianwyr ystyried y syniad o gael goleudai awtomatig yn ystod diwedd y bedwaredd ganrif ar bymtheg. Ym 1922, Goleudy Trwyn Du ym Mhenmon, a ddefnyddiai lampau asetylen, oedd y cyntaf o oleudai Ynys Môn i gael ei drawsnewid i weithredu'n awtomatig.

Cychwynnodd goleudai Trinity House gael eu gwneud yn awtomatig o ddifrif mewn cyd-destun modern yn ystod dechrau'r 1980au. Fe'i gwnaed yn bosibl gydag adeiladwaith lleiniau hofrennydd ar dop y lantern mewn goleudai ar greigiau anghysbell. Roedd hyn yn galluogi trosglwyddo technegwyr yn gyflym i oleudy pe byddai'n torri i lawr. Gallent hefyd ymweld mewn unrhyw dywydd bron. Yn ogystal, galluogai'r datblygiadau technolegol i'r goleudai, goleulongau, a'r bwi gael eu harolygu a'u rheoli o bell. Cyflogwyd gweision yn hytrach na cheidwaid llawn amser, oedd yn ymweld â'r goleudai bob hyn a hyn. Eu gwaith oedd glanhau'r optics a'r offer a gwneud profion rheolaidd.

Newidiwyd Ynys Lawd i gael ei gweithredu'n awtomatig yn swyddogol ar 13 Medi 1984. Treuliodd peirianwyr y misoedd blaenorol yn diweddaru eu systemau, ac yn gosod yr offer telemetreg newydd. Stanley Booth a Norman Grindle oedd y ddau brif geidwad olaf i gael eu lleoli yno, ynghyd â'r ceidwaid cynorthwyol Dermot Cronin a Peter Halil. Yn dilyn

## Automation

The history of South Stack lighthouse has been one of continuous development—a reflection of the changes that have been introduced by the inventors and engineers of specialist lighthouse equipment over the past two centuries.

As each technological refinement was introduced, the keepers' work became easier. One oil lamp was far easier to maintain over the period of a shift than twenty-one oil lamps and reflectors, and the installation of the electric lighthouse lamp improved matters further. Other new devices introduced during the latter half of the twentieth century, such as the automatic fog detectors, removed the keeper's responsibility of having to keep an eye on the weather. Technological advances were gradually replacing the role of the lighthouse keeper.

Engineers began considering the idea of lighthouse automation during the late nineteenth century. In 1922 Trwyn Du Lighthouse at Penmon, which used acetylene lamps, became the first Anglesey light to be converted to automatic operation.

Automation of Trinity House lighthouses in a modern context began in earnest during the early 1980s. It was made possible by the construction of lantern-top helipads at remote rock lighthouses. This enabled the rapid transfer of technicians to a lighthouse in the event of a breakdown. They could also visit in almost any weather. In addition, technological developments enabled lighthouses, lightships and buoys to be monitored and controlled remotely. Attendants were employed instead of full-time keepers, who visited the lights at regular intervals. Their job was to clean the optics and equipment and undertake routine checks.

South Stack was officially switched to automatic operation on 13th September 1984. Engineers had spent the previous months updating systems, and installing the new telemetry equipment. Stanley Booth and Norman Grindle were the last principal keepers stationed there, together with assistant keepers Dermot Cronin and Peter Halil. Following 175 years of manned operation and habitation, the lighthouse now stood empty. Of all the changes that

175 mlynedd o weithredu a phreswylio dynol, safai'r goleudy bellach yn wag. O'r holl newidiadau a ddigwyddodd, hwn heb os oedd y mwyaf arwyddocaol. Yn anffodus, golygai hyn hefyd na allai'r cyhoedd ymweld ag Ynys Lawd. Dim ond y gweision a'r peirianwyr oedd yn gallu mwynhau'r golygfeydd a phrofi dringo'r grisiau troellog i fyny i ystafell y lantern.

Ym 1987, yn dilyn gwneud goleudy Ynysoedd y Moelrhoniaid yn awtomatig, newidiwyd depo Trinity House Caergybi yn ganolfan arolygu o bell. Roedd yn arolygu goleuadau Cymru i'r gogledd o Fae Ceredigion, ynghyd â goleudai arfordir gogledd orllewin Lloegr. Gallai'r gweithredwyr ddefnyddio'r delemetreg i arolygu offer a rheoli rhediad y generaduron wrth gefn. Arddangoswyd gwybodaeth yn ymwneud â chyflwr y system yn y gwahanol oleudai ar sgriniau cyfrifiadurol.

Yn dilyn cau depo Caergybi yn ystod 1994, cymerwyd y cyfrifoldeb am holl gymorth Trinity House i fordwyo gan Uned Gynllunio Ganolog Trinity House, oedd wedi'i lleoli yn Harwich, Essex. Gwerthwyd y depo, ac mae bellach yn rhan o gynllun Marina Caergybi.

1

had occurred this was undoubtedly the most significant. Unfortunately, this also meant that South Stack was out of bounds to visitors. Only the attendant and engineers were able to enjoy the views and the experience of climbing the spiral staircase to the lantern room.

In 1987, following the automation of the Skerries lighthouse, the Holyhead Trinity House depot was converted into a remote monitoring base. It monitored the Welsh lights north of Cardigan Bay, together with the lighthouses of the North West coast of England. Operators were able to use the telemetry to monitor equipment and control the running of standby generators. Information relating to the condition of the systems at the various lighthouses was displayed on computer screens.

Following the closure of the Holyhead depot during 1994, the Trinity House Central Planning Unit, located in Harwich, Essex, took responsibility of all Trinity House aids to navigation. The depot was sold and is currently part of the Holyhead Marina complex.

2

1 Hofrennydd Trinity House yn danfon deunyddiau i Ynys Lawd wrth foderneiddio'r goleudy, 1999 *(Casgliadau Oriel Ynys Môn)*

2 Yr hen fecanwaith trydanol a ddefnyddiwyd i droi'r optig hyd 2000 *(Casgliadau Oriel Ynys Môn)*

3 Prif Geidwad Stanley Booth yn gadael Ynys Lawd am y tro olaf, 13 Medi 1984 *(Daily Post)*

1 The Trinity House helicopter delivering items to South Stack during the modernisation work, 1999 *(Oriel Ynys Môn Collections)*

2 The electrical rotating mechanism that was used before 2000 *(Oriel Ynys Môn Collections)*

3 Principal Keeper Stanley Booth leaving South Stack for the last time, 13th September 1984 *(Daily Post)*

1

## Dyfodol disglair

Gyda'r datblygiadau awtomatig, a modern-eiddio'r gwasanaeth goleudai, gwnaethpwyd nifer o'r adeiladau ategol yn ddiwerth. Roedd y rhain yn cynnwys y cartrefi, y storfeydd a thai'r signal niwl. Mae nifer o'r adeiladau wedi'u cofnodi fel adeiladau cofrestredig, ac felly'n gorfod cael eu cynnal a'u cadw i safon ben-odol. Fodd bynnag, roedd rheolwyr llongau a'r rhai oedd yn talu Tollau Golau yn amharod i gyfrannu at y costau ychwanegol. Roedden nhw am gael gwasanaeth mordwyo oedd yn werth eu pres. O ganlyniad, penderfynodd Trinity House y byddai agor eu goleudai i'r cyhoedd yn ddull o greu arian a allai fod yn gymorth i sicrhau dyfodol yr adeiladau oedd yn hanesyddol werthfawr.

Chwiliodd Trinity House am bartneriaeth i fod yn gymorth yn yr antur newydd hon. Yn ystod 1994, ffurfiwyd partneriaeth rhwng Trinity House, Cyngor Bwrdeistref Ynys Môn, a'r RSPB. Eu nod oedd ail agor goleudy Ynys Lawd fel atyniad i ymwelwyr. Y prif anhawster oedd yn rhwystro'r prosiect oedd cyflwr gwael y bont droed oedd yn rhwystro mynediad. Roedd yn amlwg o'r dechrau mai adeiladu pont droed newydd yn ei lle oedd yr unig ffordd ymlaen.

Ar ôl ennill grant sylweddol gan Awdurdod

## A bright new future

With the automation and subsequent modern-isation of the lighthouse service, many of the ancillary buildings were made redundant. These included dwellings, stores and fog signal houses. Many of these structures are classed as listed buildings and have to be maintained to a set standard. However, ship operators and those paying Light Dues were reluctant to con-tribute to the additional costs. They wanted a value for money navigation service. As a result, Trinity House decided that opening their light-houses to the public was a way to generate rev-enue that could help secure the future of these historically important landmarks.

Trinity House sought partners to assist this new venture. During 1994, a partnership was formed between Trinity House, the Isle of Anglesey Borough Council and the RSPB. Its aim was to reopen South Stack lighthouse as a tourist attraction. The main obstacle hampering the project was the poor condi-tion of the footbridge, restricting access. It was apparent from the start that building a replacement bridge was the only way forward.

Having been awarded a substantial grant by the Welsh Development Agency, together with contri-butions from both Trinity House and the Isle of

Datblygu Cymru, ynghyd â chyfraniadau gan Trinity House a Chyngor Bwrdeistref Ynys Môn, gwnaethpwyd cais am ganiatâd gan y bartneriaeth i ailosod y bont. Comisiynwyd y contractwyr peirianneg Mott MacDonald i gynllunio'r bont, ac enillodd Laing Limited y cytundeb adeiladu. Dechreuwyd ar y gwaith yn ystod 1996.

Adeiladwyd y bont draws hunangynhaliol yn y lleoliad. Roedd wedi'i chynllunio i wrthsefyll cyflymder gwynt i fyny at 120mya.Adeiladwyd y ffrâm newydd o amgylch yr hen bont, a gafodd ei dymchwel a'i symud oddi yno wedyn. Cariwyd y rhan fwyaf o'r darnau alwminiwm i lawr y grisiau gan weithwyr, er i hofrenyddion Chwilio ac Achub y RAF helpu i ddosbarthu'r eitemau mwy. Gadawyd hen gadwyni pont grog 1828 ar bob ochr y ddwy golofn faen: mae pob strwythur adeiladwaith ar yr ynys wedi'u cadw dan restr adeiladau cofrestredig.

Gyda chwblhau'r bont, a gostiodd £254,000, ail agorwyd Ynys Lawd fel atyniad ar 9 Awst 1997 gan y Cyngor Sir newydd. Nodwyd y dyddiad ag agoriad swyddogol, gyda nifer o wahoddedigion yn bresennol. Ail sefydlwyd ei safle fel un o brif atyniadau ymwelwyr yr ynys.

Mae gwaith cynnal y goleudy o ddydd i ddydd wedi cael ei reoli gan staff Cyngor Sir Ynys Môn a'r RSPB. Cynigir teithiau tywys i ymwelwyr o amgylch y goleudy sydd ar agor o'r Pasg hyd at ddiwedd mis Medi bob blwyddyn. Mae'r hen ystafelloedd gwely a'r lle byw bellach yn cynnwys arddangosfeydd clywedol a gweledol. Yn ystod 1998—y tymor cyntaf i'r safle fod ar agor i'r cyhoedd—fe ddenodd y goleudy oddeutu 21,000 o ymwelwyr. Ers hynny, mae cyfartaledd o 15,000 wedi camu i lawr y grisiau troellog bob tymor.

**2**

Anglesey Borough Council, permission was sought by the partnership to replace the bridge.

Engineering contractors Mott MacDonald were commissioned to design the footbridge, whilst Laing Limited won the construction contract. Work started during 1996.

The self supporting truss bridge was built in situ. It was designed to withstand wind speeds of up to 120 mph. The new frame was built around the old bridge, which was subsequently dismantled and removed. Most of the new aluminium components were carried down the steps by workmen, although the RAF's Search and Rescue helicopters assisted with the delivery of the larger items. The chains of the old 1828 suspension bridge were retained at either end of the two masonry piers: all built structures on the island are covered by the listed building schedule.

With the completion of the bridge, which cost £254,000, South Stack Lighthouse was reopened as an attraction by the newly-formed County Council on 9th August 1997. The day was marked by an official opening, with many invited guests attending. Its status as one of the island's main visitor attractions was reaffirmed.

The day to day running of the lighthouse has been managed by staff from the Isle of Anglesey County Council and the RSPB. Visitors are offered guided tours of the lighthouse, which is open from Easter to the end of September each year. The former bedrooms and living quarters now contain audio visual displays and exhibitions. During 1998—the first full season of public opening—the lighthouse attracted around 21,000 visitors. Since then an average of 15,000 have descended the steps each season.

---

1  Pont alwminiwm 1997 *(Casgliadau Oriel Ynys Môn)*
2  Yr uned goleuo 150 watt a osodwyd yn 2000
*(Casgliadau Oriel Ynys Môn)*

1  1997 aluminium footbridge *(Oriel Ynys Môn Collections)*
2  The 150 watt lighting unit, installed in 2000
*(Oriel Ynys Môn Collections)*

## Atgofion ceidwad goleudy

Pan oeddwn yn gweithio mewn swyddfa i gyfreithwyr yn fy nhref enedigol, sef Youghal yn County Cork, gofynnodd cyfaill i mi deipio cais am swydd ceidwad goleudy gyda Trinity House.

Mwyaf yn y byd yr oeddwn yn ei ddarllen am y swydd mwyaf yn y byd yr oedd hi'n apelio i minnau hefyd a phenderfynodd y ddau ohonom, gyda'n gilydd, yrru ceisiadau amdani. Ar ddiwrnod y cyfweliad tynnodd fy nghyfaill yn ôl a newid ei feddwl. Ond roeddwn i yn benderfynol o fwrw ymlaen gyda'r cyfweliad a roddwyd gan Edgar Lewis, y Goruchwyliwr yng Nghaergybi. Llwyddais gyda'r cais ac wedyn fe'm gyrrwyd i ysgol y goleudai yn Blackwall, Llundain. Ac oni yno ar ôl blwyddyn o hyfforddiant, symudais yn 1952 i Trevose Head yng Nghernyw, ac wedi hynny treuliais gyfnod byr yn St Bees, Cumbria.

Pan ddeuthum i Ynys Lawd am y tro cyntaf yn 1953 y cyfarfûm â'm gwraig, Megan, a oedd, ar y pryd, yn ymweld â'r goleudy gyda ffrindiau. Wedyn ar ôl cyfnod o ddwy flynedd yn gweithio yn Ynys Lawd, gadewais y gwasanaeth ac ymuno â'r Awyrlu ac yno y bûm tan 1960. Erbyn Chwefror 1960 roeddwn wedi dychwelyd i'r gwasanaeth goleudai.

Treuliais gyfnodau mewn nifer o oleudai—megis St Mary's, Ynys Enlli, Ynysoedd y Moelrhoniaid, Smalls a Skokholm. Fe'm dyrchafwyd i swydd Prif Geidwad yn 1974. Fy swydd olaf oedd honno ar Wolf Rock, goleudy ar graig anghysbell bedair milltir i'r de-orllewin o Lands End. Yn 1987 dechreuais weithio yng Nghanolfan Reoli Caergybi, yn Nepo y Trinity House. O'r lle hwnnw yr oeddem yn gweithio holl oleudai Cymru, a hefyd goleudai ar hyd arfordir Gogledd-orllewin Lloegr. Roedd modd rhedeg y goleudai anghysbell hyn yn llawn o Gaergybi, gan ddefnyddio systemau cyfrifiadurol a llinellau ffôn.

## My life as a lighthouse keeper

Whilst working in a solicitors' office in my home town of Youghal in County Cork, Ireland, a friend asked me to type out for him an application for the job of lighthouse keeper with Trinity House.

The more I read about the job, the more it appealed to me as well. We sent our applications in together. On the day of the interview my friend got cold feet, and changed his mind. Undeterred, I carried on and was interviewed by Edgar Lewis, the Superintendent at Holyhead. My application was successful and I was subsequently sent to the lighthouse school at Blackwall, London. Following a years training, in 1952 I was posted to Trevose Head in Cornwall, followed by a short stint at St Bees in Cumbria.

During my first posting to South Stack during 1953 I met my wife, Megan, who was visiting the lighthouse with friends. After a two year stint working at South Stack, I left the service and joined the RAF where I remained until 1960. In February 1960 I re-entered the lighthouse service.

I spent my time serving at different lighthouses, such as St Mary's, Bardsey, Skerries, Smalls, and Skokholm. I was promoted to the role of Principal Keeper in 1974. My last posting was to the Wolf Rock, a remote rock lighthouse four miles south west of Lands End. From 1987 I worked at the Holyhead Control Centre, at the Trinity House Depot. From there we operated all the Welsh lighthouses, together with lighthouses along the North West Coast of England. All aspects of these remote lighthouses could be operated remotely from Holyhead, using a computerised system and 'phone lines.

For me, South Stack was a memorable lighthouse. It has many unique features, not least the 400 or so steps down the cliff face. These steps meant that the lighthouse is easily accessible for visitors. There would always be people visiting, especially during the summer months and the school holidays. I remember during one Bank Holiday, taking 25 different groups up the lighthouse tower.

We always welcomed school groups. However, I remember on one occasion, we opened the door, and there were a group of around thirty school children waiting to see the lighthouse. They were not accompanied by their teachers, who hadn't fancied the walk down the steps and had stayed in the bus. Even though there were very little health and safety regulations, we demanded that three of the children go to fetch their teachers, who then reluctantly followed their pupils down to the lighthouse.

I mi yn bersonol roedd Ynys Lawd yn oleudy cofiadwy iawn. Mae'n unigryw ar sawl cyfrif ac un peth hynod amdano yw'r oddeutu 400 o risiau i lawr wyneb y clogwyn. Oherwydd y grisiau mae'r goleudy yn gyfleus i ymwelwyr ac roedd yno ymwelwyr bob amser, ac yn arbennig felly yn ystod misoedd yr haf a thros wyliau'r ysgol. Ar un Gŵyl Banc rwy'n cofio mynd â 25 o grwpiau i fyny tŵr y goleudy.

Roedd croeso bob amser i grwpiau o'r ysgolion ond cofiaf un achlysur ar ôl i ni agor y drws a gweld yno grŵp o ryw 30 o ddisgyblion yn disgwyl am y cyfle i weld y goleudy ond nid oedd yr un athro gyda nhw; doedd y rheini ddim yn dymuno cerdded i lawr y grisiau ac o'r herwydd wedi aros yn y bws. Y dyddiau hynny nid oedd llawer o reolau iechyd a diogelwch ond er hynny mynnwyd bod tri o'r grŵp yn dychwelyd i nôl yr athrawon, ac ymhen hir a hwyr daeth y rheini, yn erbyn eu hewyllys, i ddilyn y disgyblion i lawr i'r goleudy.

Yn Ynys Lawd ein harfer oedd gweithio shifftiau, ac o'r herwydd ar y trydydd dydd roeddem yn cael gadael ar ddiwedd ein shifft am 4yb tan ddechrau'r shifft nesaf am 4yh. Yn yr amser hwnnw roeddem yn medru mynd i weld ein teuluoedd a nôl bwyd i'r dref. Ond wrth gwrs roedd yn rhaid i ni fod yn ôl ar ddyletswydd erbyn dechrau'r shifft nesaf, neu ailgydio yn y dyletswyddau os oedd y tywydd yn gwaethygu.

Daeth hi'n amser ymddeol o'r gwasanaeth ym mis Hydref 1994, a rydwyf yn dal i fyw yng Nghaergybi.

*Bill O'Brien*

Bill O'Brien a'i fab Stephen, 1969 *(Casgliad Bill O'Brien)*
**Bill O'Brien and his son Stephen, 1969** *(Bill O'Brien Collection)*

At South Stack we worked a shift pattern, so that on every third day, we would be allowed leave from the end of our shift at 4am, up until the beginning of the next shift at 4pm. This time off allowed us the opportunity to visit our families and to collect provisions from town. However, we had to be back on duty by the beginning of the next shift, or we had to resume duty if weather conditions worsened.

I retired from the service in October 1994, and I still live in Holyhead.

*Bill O'Brien*

## Manylion am Oleudy Ynys Lawd, 2009

**Sefydlwyd** — 1809

**Uchder y tŵr** — 28 medr

**Uchder golau uwch lefel y môr** — 60 medr

**Awtomeiddiwyd** — 1984

**Moderneiddiwyd** — 2000

**Lamp bresennol** — 150 watt metal halide

**Optig** — catadioptrig trefn gyntaf, yn cael ei gylchdroi gan foduron trydanol stepiedig

**Cymeriad golau** — un fflach wen bob deg eiliad

**Pellter gweledol y golau** — 20 milltir fôr

**Cymeriad signal niwl**
— un blast 3 eiliad bob 30 eiliad

**Pellter signal niwl** — 3 milltir fôr

## South Stack Lighthouse specifications, 2009

**Established** — 1809

**Height of tower** — 28 metres

**Height of light above sea level** — 60 metres

**Lighthouse automated** — 1984

**Lighthouse modernised** — 2000

**Current lamp** — 150 watt metal halide

**Optic** — first order catadioptric, rotated by electric stepper motors

**Character of light** — one white flash every 10 seconds

**Visible range of light** — 20 nautical miles

**Fog signal character**
— one 3 second blast every 30 seconds

**Fog signal range** — 3 nautical miles

## Goleudai a chynorthwyon mordwyo Ynys Môn

## Anglesey lighthouses and aids to navigation

**Morglawdd Caergybi.**
Fe'i cynlluniwyd gan Syr John Hawkshaw (1811-91) ac fe'i cwblhawyd yn 1873. Bu'n gweithio hyd at 1961.
**Breakwater Lighthouse.**
Designed by Sir John Hawkshaw (1811-91) and completed in 1873. It was in use until 1961.

**Ynys Halen.**
Cafodd y goleudy hwn ei ddylunio gan John Rennie (1761-1821), ac fe'i hadeiladwyd rhwng 1819 ac 1821.
**Salt Island.** Designed by John Rennie (1761-1821), and built between 1819 and 1821.

**Gorsaf Niwl Ynys Arw.**
Fe'i sefydlwyd gan y Morlys yn 1857, ac yna fe'i rheolwyd gan Trinity House. Tannwyd gynnau i rybuddio am niwl. Yn 1958 adeiladwyd signal niwl trydanol, ac fe'i caewyd yn 1987.
**North Stack Fog Station.**
Established by the Admiralty in 1857, and then operated by Trinity House. Guns were fired to warn of fog. In 1958 the station was electrified, and closed in 1987.

**Goleudwr Rhoscolyn.**
Adeiladwyd y tŵr di-griw yma ar Ynysoedd Gwylannod gan Trinity House yn 1820.
**Rhoscolyn Beacon.** This unmanned tower was built on Ynysoedd Gwylannod by Trinity House in 1820.

**Ynysoedd y Moelrhoniaid.**
Adeiladwyd y goleudy cyntaf gan William Trench 1717. Yn 1844 fe brynwyd y goleudy gan Trinity House.
**Skerries.**
The first light was built by William Trench in 1717. In 1844 it was purchased by Trinity House.

**Goleudyrau y Cole Rock.**
Fe'i cynlluniwyd gan Pwyllgor y Dociau Lerpwl yn 1795, ac fe adeiladwyd y tri thŵr hyn tua 1812 gan Trinity House. Eu pwrpas yw dangos lleoliad y *Cole Rock*.
**Cole Rock Beacons.**
Although envisaged by the Liverpool Dock Committee in 1795, the three beacons were built by Trinity House in about 1812. Their purpose was to denote the location of the Cole Rock.

**Porth Amlwch.**
Adeiladwyd y pier allanol a'i oleudy fechan yn 1816.
**Amlwch Port.**
The outer pier and its small lighthouse were originally built in 1816.

**Trwyn Eilian.**
Roedd golau i'w weld am y tro cyntaf yma yn 1779. Fe adeiladwyd y golau presennol yn 1834.
**Point Lynas.**
Established in 1779. The present lighthouse was built in 1834.

**YNYS LAWD**
**SOUTH STACK**

**Goleudy Llanddwyn.**
Adeiladwyd y Tŵr Bach yn 1819, a'r Tŵr Mawr yn 1846. Bu'r Tŵr Mawr yn gweithio hyd at 1972.
**Llanddwyn Lighthouse.**
The small tower, *Tŵr Bach* was constructed in 1819, and the larger lighthouse tower, *Tŵr Mawr*, in 1846. The *Tŵr Mawr* light was in use until 1972.

**Trwyn Du.**
James Walker, yn 1838, oedd dylunydd ac adeiladwr goleudy Trwyn Du. Fe'i awtomeiddiwyd yn 1922.
**Trwyn Du.**
James Walker designed and built Trwyn Du lighthouse in 1838. It was automated in 1922.